新・臆病者のための株入門

橘 玲

文春新書

1471

新版　まえがき

本書は2006年4月に刊行され、現在まで26刷を重ねるロングセラーとなった『臆病者のための株入門』に「臆病者のための新NISA活用術」を加えて、新版としたものだ。とはいえ、長く親しまれた親本の記述を活かす意味でも、本文には最低限の加筆・修正しか加えていない（P251の「参考文献　さらに詳しく知りたいときは、この本を読もう。」は全面的に書き下ろした）。

親本から20年ちかくたってもそのまま読んでもらえるのは、本書がファイナンス理論の標準的な説明だからだ。

1950年代になると株式や債券の詳細な取引データが入手できるようになり、経済学者らはそれを使って市場をモデル化できることに気づいた。こうして金融市場は数学の天才たちによって徹底的に研究し尽くされ、多くのノーベル経済学賞受賞者を輩出して70年代に完成したのがファイナンス理論だ。

金融市場の情報が瞬時にすべて公開され（効率的市場仮説）、値動きが正規分布することを前提とするならば、理論の正しさは数学的に証明されているので、それに付け加えるものはなにもない。

その後、市場は完全に効率的ではなくつねに小さなバグ（価格の歪み）があることや、正規分布ではなく、リーマンショックのような極端なことが間欠的に起きる複雑系のロングテール（べき分布）であることがわかったが、ファイナンス理論が金融リテラシーの基礎であることに変わりはない。

ファイナンス理論から導かれるシンプルな結論は、「初心者は難しいことを考えず、世界株のインデックスファンドに長期の積み立て投資をすればいい」になる。このアドバイスは、金融市場に対する新たな知見が積み上がっても通用する。このことは、次のように説明できるだろう。

図①は、１８００年を1として、紀元前１０００年から２０００年までの人口１人あたりの所得の推移を示している。

この図を見てわかるのは、人類のゆたかさは２８００年かけてもほとんど変わっていなかったことだ。時間軸を50万年（ホモ・サピエンス誕生）や５００万年（最初の人類の誕

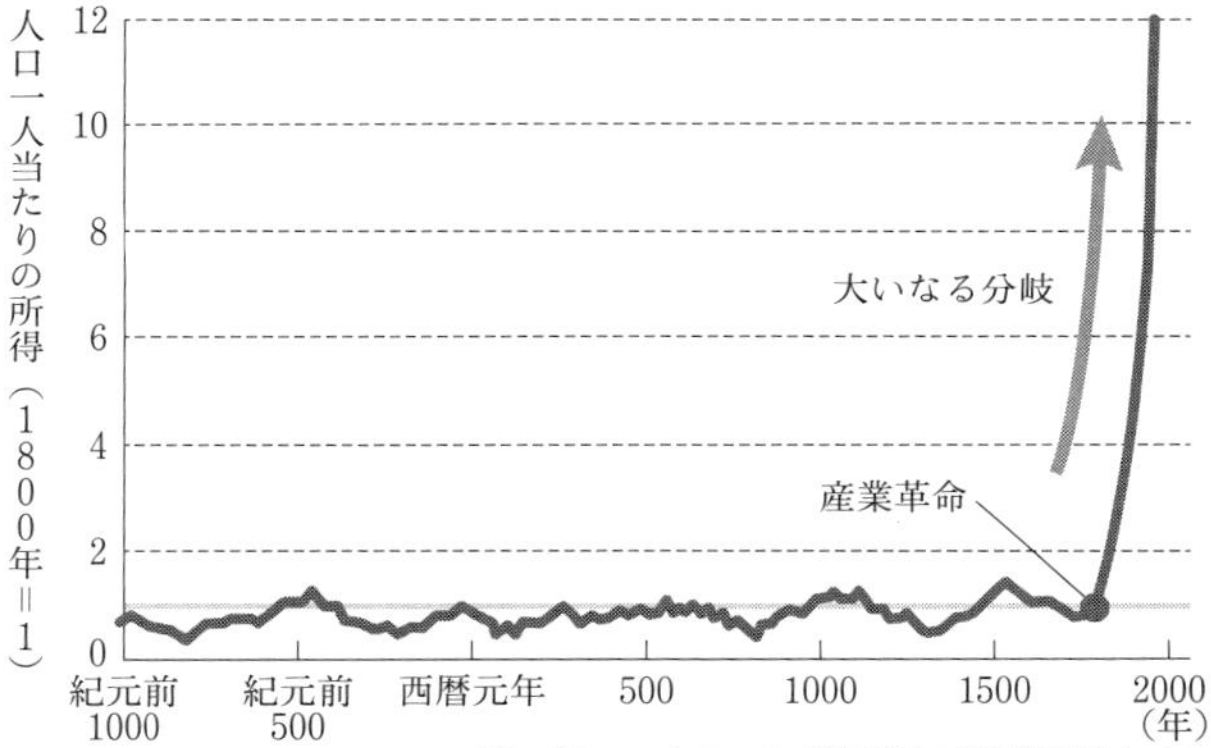

グレゴリー・クラーク『10万年の世界経済史』より

図1 紀元前1000年から現在までの一人当たりの所得の推移

生）まで延ばしても、おそらくたいしたちがいはないだろう。旧石器時代の狩猟採集生活でも、中世の都市や農村でも、ひとびとはかつかつでなんとか生きていたのだ。

サピエンスがユーラシア大陸の全域に拡散した氷河期の終わり（紀元前1万2000年）でも、世界の人口は600万人程度だったらしい。それが紀元前1万年前後にはじまった農業革命によって人口爆発が起き、世界人口は最大で100倍にまで増えた。その結果、世界全体の富は大きくなったが、そのぶんだけ人口も増加しているため、一人あたりのゆたかさはほとんど変わらなかったのだ。

ところが18世紀なかばにイギリスで始まった産業革命によって、それまでの人類史とはまっ

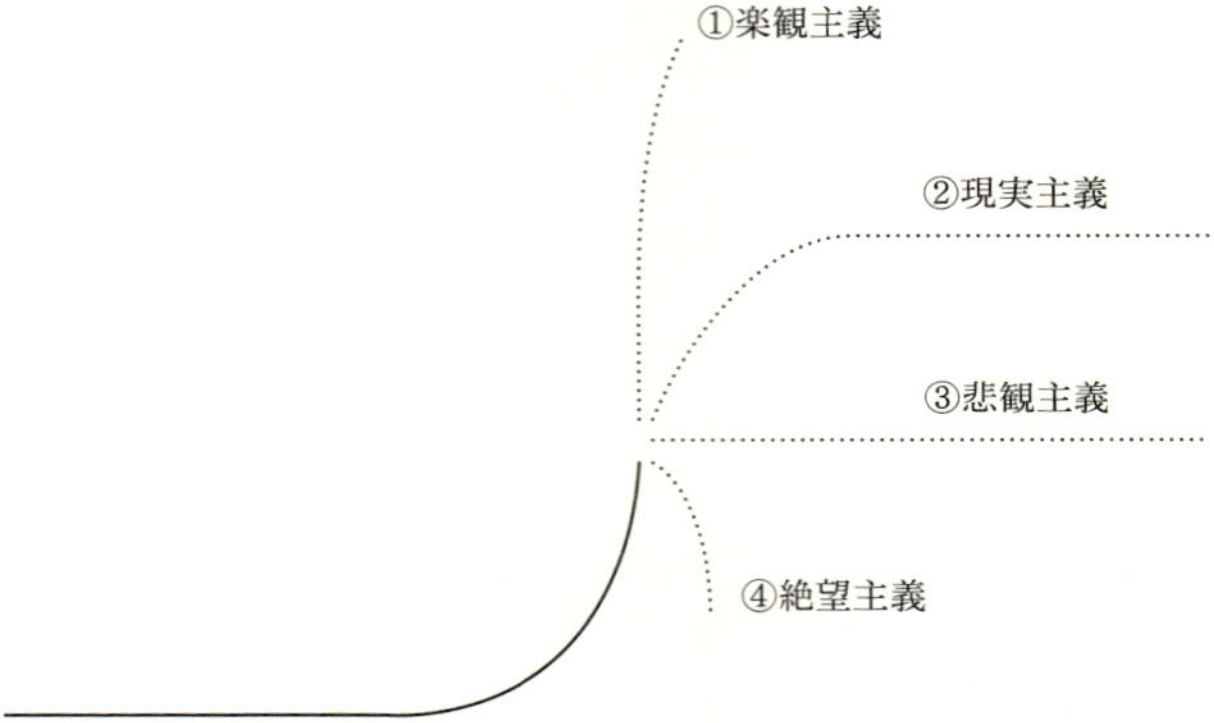

図２ 世界経済の推移に対する考え方

たく異なる、指数関数的なゆたかさの時代が始まった。

物理学では、熱せられた水が水蒸気に変わるような出来事（ある系の相が別の相に変わること）を「相転移」という。その境界が臨界状態で、水がはげしく沸騰する。人類は農業革命で人口と文化の相転移を、産業革命でテクノロジーとゆたかさの相転移を経験したのだ。

未来は不確実でこれからなにが起きるかは誰にもわからないが、世界経済の推移については大きく４つの考え方があるだろう（図②）。

「①楽観主義」は、テクノロジーはこれからもますます発展し、産業革命以降の指数関数的な成長がこれからも長期にわたって続くと考える。

「②現実主義」は、産業革命は人類史に起きた唯一の出来事で、今後も一定の成長は続くだろうが、物理的な制約によってイノベーションは低調になり、いずれは平衡状態になると考える。

「③悲観主義」はすでに低成長の時代に入っていて、これまでの300年間のような指数関数的なゆたかさの拡大は終わってしまったと考える。

そして「④絶望主義」は、気候変動や環境の制約によって成長は負のスパイラルに落ち込んでおり、やがて映画『マッドマックス』のような世界が訪れると考えている。

世界株のインデックスファンドを長期に積み立てるのは、産業革命以降の経済成長にベットする（賭ける）投資戦略だ。このうちどのシナリオが正しいかは一人ひとりが判断することだが、もしあなたが①の楽観主義者か②の現実主義者なら、本書で書いたことを実践すればいいだけだ。

私は本書以降、投資や資産運用についてあまり書いていないが、それはこれが（一定の制約はあるものの）普遍の法則だからだ。そしていまでも、ほとんどの日本人（臆病者の投資家）にとっては、ここで書いたことを理解していれば、それで十分だと思っている。

なお本書の親本では、世界市場に投資する方法として「MSCIコクサイ・インデックス」に連動するファンドを推奨したが（当時はそれしかなかったのだ）、その20年間の年平均リターンは約11％だった。

２００6年にこのファンドを１００万円購入すると、現在は約７３０万円と7倍以上になったはずだ。毎月5万円を積み立てると、（積立て期間を２２０ヶ月として）元本の１１００万円が約３５００万円に、毎月1万円の積み立てでも元本の２２０万円が約７００万円になっている。

投資は結果がすべてで、「大損したけれどよい投資」というものはない。読者に有益なアドバイスができたことをよろこばしく思う。

新・臆病者のための株入門　◎目次

はじめに　臆病者には臆病者の投資法がある

私が株に興味を持ったのはかれこれ10年くらい前、神戸で大きな地震があり、カルト教団のテロが日本じゅうを大混乱に陥れた年、といえばわかるだろうか。その秋にウィンドウズ95が発売されて、日本でも本格的なインターネット時代が幕を開けた。西和彦の訳した『ビル・ゲイツ未来を語る』を読んですっかり感化された私は、この革命児が経営する会社に投資することを思いつき、その頃勤めていた会社の近くの、日本一大きな証券会社の支店に生まれてはじめて株を買いにいった。

応対してくれたのはちょっと世を拗《す》ねたかんじのおじさんで、「マイクロソフト？　そんな会社、聞いたことありませんねえ」と慇懃《いんぎん》な笑いを浮かべ、「株をおやりになるのなら、すこし勉強なさったほうがよろしいんじゃありませんか」と、カウンター脇に置いてあったパンフレットをくれた。私はど素人だったので、証券会社に行けばどんな株でも買えると信じていたのだ。もっとも、マイクロソフトを知らないおじさんもどうかと思うけど。

そのとき私がもらったのは「株はじめて物語」という小冊子で、表紙には小僧の一休さんが正座して日経新聞と会社四季報を読んでいるかわいらしい絵が描いてあった。それをパラパラとめくって、「なんだ、株なんか簡単じゃん」と思った。「安く買って高く売ればいいんでしょ」

それから書店に行って、株の入門書を何冊か買った。通勤電車3往復くらいですべて読み終えたのだが、私はすっかり混乱してしまった。それでまた本屋に出かけ、別の入門書を買った。そうやって何十冊も読んで（けっこう凝り性なのだ）、ようやく気がついた。といっても、「株必勝法」の話ではない。自分がなぜわからなかったのか、わかったのだ。

新しい世紀を迎えて、グローバル資本主義とか市場原理主義とかで、「株やってないの？　そんなんじゃこれからの世の中生きていけないよ」という風潮になっているらしい。クリックひとつで20億円儲けた27歳無職のデイトレーダーや、株式市場を舞台に時価総額1兆円の企業グループに君臨し、33歳の若さで塀の向こうに落ちてしまった若手経営者が話題を集めたりもした。「株ってなんだかうさんくさい」と敬遠していたひとも、「こいつらいったいなにをやってるんだ？」と疑心暗鬼にとらわれたひとも、とりあえずちょっと勉強しなくちゃ、と本屋に行く。10年前の私みたいに。

でも、株の入門書を読んでも株のことはわからないのだ。なぜかって？　だって、理解できないようにつくられているのだから。

とても簡単にいうと、株の世界にはまったく相容れない考え方が3つくらいあって、それぞれが好き勝手なことをいっている。彼らはむずかしい数式を振りかざしたり、不可解なグラフやチャートをひけらかしたり、お経のような専門用語を唱えて株と蕪《かぶ》のちがいも知らない素人を翻弄し、いつのまにか、わからない奴は無知で愚かな負け犬、という話にされてしまう。

それをさらに混乱させるのがアナリストとかファンドマネージャーとかいう金融業界のエリートサラリーマン集団で、彼らは投資家を右往左往させて株やファンドを売買させる仕事に精を出している。そしてだれもが自信たっぷりに、「私が正しい。私を信じなさい」と神のお告げのようなことをいう。こんな魑魅魍魎《ちみもうりよう》の世界に迷い込んで、地図も持たずにちゃんと目的地にたどり着くなんてぜったい無理だ。

日本国は借金で破産するとか、年金を払ってもらえないとか、国民の大半が下層階級になるとか、そうやって臆病なひとたちを脅《おど》すのが流行っている。

株式評論家やエコノミストやFP（ファイナンシャルプランナー）や経済ジャーナリストなど、〝金融のプロ〟は口をそろえていう。

「郵便貯金や銀行預金では〝国家破産〟や〝ハイパーインフレ〟で資産のすべてを失ってしまいます。これからは、リスクをとって自らの資産を守らなければなりません」

彼らのいうことが間違ってるわけじゃない。危機感を持つのも大事だ。でもその一方で、いたずらに怯えたり煽《あお》られたりしてなんの準備もせずに投資の世界に船を漕ぎ出し、あっけなく難破してしまうひとがあとを絶たない。

株式市場はひとびとの欲望が生み出した巨大な迷宮《ラビリンス》だ。次になにが起こるか、だれにもわからない。〝金融のプロ〟が正しい道を教えてくれないのなら、自分のちからで歩きはじめるしかない。

臆病者には臆病者の投資法がある。この本を読んで、「なんだ、投資ってこわくないんだ」と思えるひとが一人でも多くなれば、とてもうれしい。

第１章　株で１００万円が１００億円になるのはなぜか？

寓話としてのジェイコム男

2005年12月、東証マザーズに新規上場したジェイコムの株式を61万円で1株売却しようとした証券会社が、間違って1円で61万株の売り注文を出してしまった。この誤発注で当の証券会社は約400億円の損失を被ったのだけれど、その一方で、この機を逃さず20億円を超える利益を手にした27歳無職の男性がいたことが話題を集めた。のちに「ジェイコム男」と呼ばれるようになったこの男性は、マスコミの取材に、「学生時代にアルバイトで貯めた160万円あまりを元手に5年前から株式投資をはじめ、現在の資産は100億円くらい」とこたえている。「資産」というのが投資総額なのか純利益なのかはわからないけど、もし100万円が100億円になったのなら、たった5年でお金が1万倍に増えたことになる。

いうまでもないけれど、これはものすごいことである。どれほどすごいかというと、毎年資産が10倍に増えていかないと、100万円は5年目に100億円にはならないのだ。これを年利換算すると900%（！）の運用成績になる。銀行預金の金利は当時、年0・001%しかなかったのに。

この話を聞いたらだれだって、知りたいことはひとつしかないはずだ。

「いったいどうやったらそんなことができるの？」

ところが不思議なことに、〝金融のプロ〟と呼ばれるひとたちは、庶民のこの素朴な疑問にぜんぜんこたえてはくれない。ふだんはあんなにエラそうにしゃべりまくってるくせに、急にうつむいて押し黙ってしまう。なぜだろう？

それは彼らが、ジェイコム男氏（呼び捨てにするのは申し訳ないので、ちょっとヘンだが敬称をつける）の存在をこの世から抹消したいと願っているからだ。だって、どうすれば5年間で資産を1万倍にできるかなんてだれも知らないのだから。近所の小学生から、「プロのくせに無職のお兄ちゃんがやったことがなぜできないの？」と聞かれたらけっこう傷ついたりして。

新版註：その後、この男性はアメリカの投機家ヴィクター・ニーダーホッファーの名をもじって「B・N・F」と名乗るようになったが、ここでは2005年当時の呼称のままとする。

でも、話はここで終わらない。

雑誌記事によれば、ジェイコム男氏は大学時代に株式トレードに興味を持つようになったものの、株価収益率（PER）とか株価純資産倍率（PBR）とかの、これまで株式投資に必須とされてきた知識にはまったく興味がないという。そればかりか、売買している会社がなにをしているのかもよく知らないらしい。株価の動きを見ながら頻繁に売買を繰り返すデイトレードやスイングトレードと呼ばれる手法では、そうした知識はなんの役にも立たないからだ。

これは、じつによくできた寓話だ。

「株のプロ」っていったいなんだ？

たとえば将棋のプロとは、子どもの頃から奨励会で鍛えられ、厳しい昇級・昇段試験を勝ち抜いた者をいう。マンガの世界ならいざ知らず、インターネットの対戦将棋で自己流の戦法を編み出した若者が名人戦で（当時の）羽生善治四冠を打ち破る、などということはあり得ない。なぜならプロ棋士は、才能はもちろんのこと、徹底した訓練と膨大な棋譜の研究成果を駆使してたたかっているからだ。

あるいはプロのサッカー選手を考えてもいい。日韓ワールドカップに感動してストリートサッカーをはじめた無名の若者が、4年後のドイツでブラジルのスター、ロナウジーニョと最優秀選手を競うなどというお話は、荒唐無稽すぎてマンガの題材にもならないだろう。

将棋やサッカーにかぎらず、ほとんどの競技ではプロとアマチュアのあいだに高い壁がある。「プロ」とはたんにその競技（ゲーム）から生活資金を得ているというだけではなく、素人がどれほど努力しても到達できない高みに達したひとたちへの呼称なのだ。

株式運用のプロを金融業界ではファンドマネージャーという。彼らの成績は、株式市場の平均値（株価インデックス）との比較で決まる。その年の運用成績が平均株価をわずかでも上回ればボーナスが上乗せされるし、逆だとカットされる。だから毎年、インデックスに０・１％勝ったとか負けたとかで大騒ぎする。でもこれって、「運用利回り９００％」と比べたら象とミジンコくらいのちがいがあるんじゃないだろうか。

だったら、「株式運用のプロ」っていったいなんだ？

それを知るには、プロのいないゲームを考えてみればいい。たとえば、コイン投げのプロというのは原理的に存在しない。コインが表か裏かは偶然によって決まり、その確率は（イカサマでなければ）五分五分だからだ。宝くじのプロがいない理由も同じで、当せん番号は偶然によって決まるのだから、１等の出る売り場とか、当たりやすい数字の組み合わせなどはすべて迷信である（あやしげな宝くじ必勝法を売りつける「プロ」ならいる）。コイン投げや宝くじにかぎらず、ルーレットやサイコロなど、勝敗が偶然によって決まるゲームにプロはいない。それに対して囲碁や将棋では、プロとアマチュアのあいだに乗り越えがたい力量の差が生じる。そこでは強い者ほど勝率が高く、偶然の要素はわずかしかはたらかない。これはスポーツ競技でも同じで、だからこそひとびとは「奇跡」を求めて熱狂するのだ。

ここに、株式投資の本質がある。

20代無職の男性が〝金融のプロ〟を天文学的なレベルで上回る成績をあげたということは、株がプロの競技ではなく、コイン投げやサイコロにちかい偶然のゲーム、すなわちギャンブルであることを、反論の余地がないほど完璧に証明しているのだ。

もし株がコイン投げと同じなら、〝金融のプロ〟はよくて占い師か競馬の予想屋、悪くすればイカサマ野郎ということになる。これは、じつに具合の悪い話である。ギョーカイのなかに「ジェイコム男は無視しとこう」という暗黙の了解ができたのは、これまで世間にひた隠しにしてきた自分たちの暗い出自が白日のもとにさらされそうになったからなんじゃないだろうか。

もっとも、株式投資をコイン投げと同じに扱うこと（あとで説明するけど、経済学ではこれを「効率的市場仮説」という）には有力な反論がある。勝ち負けは偶然によって完全に支配されているわけではなく、そこに技術的な要素が加味されたブラックジャックや麻雀、パチンコのようなギャンブルかもしれないからだ。

ブラックジャックでは、使用されたカードをすべて記憶するカードカウンティングによって特定のカードの出現確率を予測し、胴元より優位に立つことができる。麻雀でも、捨て牌から相手の手を予測したり、確率的に優位な牌で勝負するさまざまなセオリーがある。パチンコはコンピュータによって出玉がコントロールされているが、プログラムを解析することで必勝法が成立する。

株式投資の成果が技術や才能に影響されるのであれば、そこにプロが存在してなんの不思議もない。だが金融業界のひとたちは、たぶんこの理屈も気に入らないだろう。ここでいう「プロ」とは、パチプロやプロ雀士と同類だからだ。職業に貴賤がないのはもちろんだが、残念なことに、これでは彼らの自尊心はすこしも回復しないだろう。

株式投資はギャンブルである

世の中のほとんどのひとは、「株はうさんくさい」と思っている。それは無意識のうちに、株をギャンブルの一種と考えているからだ。

証券業界は長年、この「偏見」とたたかってきた。「日本経済はこれまで間接金融（銀行が会社にお金を貸すこと）中心でやってきたけど、バブル崩壊でその耐用年数が切れてしまった。これからはアメリカのように直接金融（会社が株式市場で資金を集めること）の時代がやってくる。そのためには健全な株式市場と賢明な個人投資家の育成が必要だ」とかなんとか。

もちろん、株式市場ではたらくひとたちが職業への偏見を正したいと願う気持ちにウソはないだろう。でもそのやり方は、絶望的なまでに間違っている。

彼らはこれまでずっと、

ギャンブルはうさんくさい。

株式投資はギャンブルじゃない。

だから、株式投資はうさんくさくない。

という三段論法でひとびとを納得させようと躍起になってきた。でもこのやり方は、みんなが「株ってしょせんギャンブルでしょ」と思っている以上、うまくいかない。そして困ったことに、どんなに否定しようとも、株はやっぱりギャンブル（偶然のゲーム）なのだ。

じゃあどうすればいいかというと、考え方をコペルニクス的に転回して、株をギャンブルと認めてしまえばいいのである。

ギャンブルはうさんくさくない。

だから、株式投資はうさんくさくない。株式投資はギャンブルである。

ほら、ずっとすっきりするでしょ。だって、ぜんぶ本当のことだから。

ギャンブルがうさんくさくない理由は、私たちの人生がうさんくさくないのと同じだ。だれも未来を知ることはできない。そんな不確実な世界のなかで、私たちはみんなすこしでも成功の可能性の高い道を選ぼうと努力している。生きるということが、そもそも偶然の積み重ねなのだ。

ギャンブルがうさんくさく見えるのは、偶然によって勝負が決まるからじゃない。そこにイカサマがからんで、おうおうにして一部のひとだけが得をするようになっているからだ。日本の株式市場だって、はっきりいって、これまでずいぶんいかがわしいことが行なわれてきた。

だから大事なのは、すべての参加者に公正で公平な投資機会が与えられる開かれた市場をつくることだ。そうなれば、株式投資についてのみんなの見方はずいぶん変わるだろう。なんといってもそれは、社会の富を増やし、みんなを幸福にするとてつもないちからを持っているのだから。

ところが金融業界のひとたちは、「投資家教育」とかいう名目で、「株はギャンブルじゃありません」キャンペーンを大々的に展開している。そうすると、この理屈を自己正当化に使うひとが出てくる。

私はギャンブルには手を出さない。

株はギャンブルじゃない。

だから株にはまっている自分はぜんぜん悪くない。

とか。そして困ったことに、真面目なひとほどこの罠から抜け出せなくなってしまう。

このままでは、「投資家教育」をすればするほど哀れな犠牲者が増える一方だ。

こうした悲劇をすこしでも減らすために、まずはいちばん大事な原則を覚えておこう。

株式投資はギャンブルである。

でもそれは、たんなる賭け事ではない。素人でも大きな果実を手にすることができる、世界でもっとも魅力的なギャンブルなのだ。

複利とレバレッジの話

株式投資がコイン投げみたいな偶然のゲームであるならば、なぜ5年間で100万円が100億円になるという「奇跡」が起こるのだろう。そこにはなにかもっと別の理由があるんじゃないだろうか。

このような疑問を持つのはもっともだけど、それだと話が先にすすまなくなってしまう。ジェイコム男氏がひと並みはずれた能力（超能力とか）を持っているとしよう。これはとてもわかりやすい説明だけど、実際にはなんの役にも立たない。仮にそれがどのような能力か解明できたとしても、私たちがそのちからを身につけることはできないからだ（だって人間離れした能力なのだから）。

あるいは、ジェイコム男氏は8割から9割の高い確率で株価の動向を的中させる秘密の方法を見つけたのかもしれない。こちらのほうがありそうだけど、それが事実だとしても、彼がなにかの理由で（もうこれ以上お金がいらなくなったとか）その秘密を公開しようと思わないかぎり、私たちが真実を知ることはできない。もしだれかがジェイコム男氏の秘密に気づいたとしても、それを利用して自分だけが金持ちになろうとするだろうから、あいかわらず私たちはなにもわからないままだ。

そこでここでは、株式投資が偶然のゲームであることを前提として、それでも5年間でお金が1万倍になるようなことがあり得るかどうかを考えてみよう。そのためにはまず、複利とレバレッジについて説明しておかなくてはならない（簡単な算数が出てくるけど、ちょっと辛抱してほしい）。

お金を銀行の定期預金に預け、利息だけを現金で引き出すひとはめったにいない。利息をもういちど預けなおしたほうがずっと得なことを知っているからだ。

話を簡単にするために、10万円を年利10％の定期預金に預けたとしよう。そうすると、1年後には1万円の利息が払われる（元金10万円×金利10％＝1万円）。この利息を毎回現金で受け取ると10年間で10万円だから、元金と合わせてお金は20万円に増えているはずだ（買い物で使ってしまわなければ）。

次に、この利息を現金で受け取らず、そのまま同じ定期預金に預けていくとしよう。1

年目の利息は同じ1万円だから、それに元金を加えて、2年目の運用は11万円（元金10万円＋利息1万円）からスタートする。すると2年目の終わりには1万1000円（元金11万円×金利10％）の利息が支払われることになるはずだ。同じように3年目の元金は12万1000円（元金11万円＋利息1万1000円）で、その年の終わりに支払われる利息は1万2100円（元金12万1000円×金利10％）、4年目の元金は……（以下、こまかな計算は省略）となり、10年後の口座残高は約26万円になる。

利息を毎年引き出していると（これを「単利」という）、お金は20万円しか貯まらなかった。ところがその利息を銀行に預けなおせば、それだけで10年後の口座残高は26万円になった。利益を元金に組み入れることで、なにもしないのにお金が6万円も増えてしまったのだ！

これで、複利の説明はおしまい。次はレバレッジだ。

「我に支点を与えよ。さすれば地球をも動かしてみせよう」と豪語したのはアルキメデスだったが、レバレッジとは、重たいものを軽々と持ち上げる「てこの原理」のことである。「投資にレバレッジをかける」のは、てこの原理を利用して儲けを大きくすることだ。といっても、そのやり方はぜんぜん難しくない。投資の元金をだれかから貸してもらえばいいだけだ。

では友だちから10万円借りて、元金を20万円にしてこの定期預金にお金を預けてみよう。元金が倍になれば利息の額も倍になる。当然、10年後の口座残高は約52万円（26万円×2）になっているはずだ。友だちに10万円返しても、手元に残るお金は42万円。自己資金10万円を複利で運用したときは26万円だったけど、ちょっと借金しただけでお金が16万円も増えてしまったのだ!!

これでレバレッジの話もおしまい。簡単でしょ。

無限の富を手に入れる方法

複利とレバレッジがわかったところで、それではこのふたつのちからを株式投資に応用するとどんなことが起きるのか、その効果を見てみよう。

投資金額とそれに必要な元金の割合をレバレッジ率という。１００万円の自己資金を使って１００万円分の株を買うことを現物株取引というが、このレバレッジ率は1倍（１００万円分の株／１００万円の自己資金）になる。信用取引を使えば元金の3倍程度まで投資できるので、１００万円の自己資金で３００万円分の株が買える。この場合は、レバレッジ率は3倍（300万円分の株／100万円の自己資金）だ。

＊ここで信用取引がなにかを理解する必要はない。とりあえず、証券会社が株の購入資金を融資してくれると考えておいてほしい。

あらゆる金融商品のなかでもっとも高いレバレッジをかけられるのが先物取引で、たとえば日経225先物では元金の約20倍の投資が可能だ。すなわち、100万円の自己資金で2000万円相当の投資ができる。

＊ふつうのひとは先物取引などやらないから、くわしい説明はしない。日経平均株価を売買する取引、くらいに考えておいてほしい。

2005年11月に日経平均株価は約1万4000円だった。先物取引では平均株価の1000倍を1枚と数えるから、70万円の頭金（これを「証拠金」という）があれば先物1枚、1400万円分を買うことができる。この先物は日経平均株価に連動しているので、株価が100円動くごとに10万円分の利益が増減する（このあたりの細かな計算は、話の展開上、とくに必要ない）。

新版註：この原稿を書いている時点（2024年8月）で日経平均は3万8000円になってい

るが、説明には影響しないのでそのままにする。直しはじめるときりがないし、株価はどうせ変動するのだ。

先物1枚を売買するのに必要な証拠金は実際には日々変動するのだが、ここでは簡略化して70万円のままとしよう。最初の投資額を100万円とすれば、先物1枚を買ったときに70万円使っただけだから、口座にはまだ30万円残っている。ということは、株価が400円上がれば利益が40万円になり、手元の30万円と合わせてもう1枚先物を買うことができる。すなわち、株価1万4400円で先物2枚、総額2880万円分の投資をすることになる。

この状態でひきつづき株価が上がると、株価が350円上がったところで利益が70万円増えるから、先物をさらにもう1枚買える。このようにレバレッジをかけながら複利で運用していくと、いったいなにが起きるだろう。

その結果は信じがたいものである。

株価1万4984円で先物4枚、株価1万5159円で先物5枚、株価1万5299円で先物6枚と運用資産は等比級数的に増えていく。日経平均は12月26日に1万6000円に到達したが、その時点で利益はすでに1000万円を超えているはずだ。最初の100万円は、わずか2ヶ月足らずで10倍になった。そしてこのまま株価が上昇しつづければ、理論的には、株価2万円超であなたは無限の資産を持つことになるのである。

100万円が100億円になるゲーム

とはいえ、もちろん現実にはこんなことは起こらない。株価は右肩上がりの一直線で上昇するわけではなく、いつでも好きな時に好きな価格で売買できるわけでもないからだ。そこで次に、日経225先物の売買データを使ってもうすこしリアルなシミュレーションをしてみよう。

スタートは2005年11月1日で、先物価格の始値は1万3670円。12月30日の終値は1万6050円で2380円（17・4％）の値上がりだから、元金100万円で先物1枚を買い、そのまま放っておくだけで利益は238万円。レバレッジの効果で、なにもしなくても2ヶ月でお金は3・4倍に増えている。

次はこれに複利のパワーを加え、利益が出るたびに先物を買っていくとしよう。とはいえ、細かな計算を説明していると切りがないので大雑把に結論だけいう。

儲かれば先物を買い足し、損すればそのぶんだけ売るという単純な取引をつづけていくと、12月12日には利益が1000万円を超える。それから年末までに2度の株価の下落があるのだが、これをうまく乗り切ることができたなら年明けには投資総額は5億円までふくれあがり、利益は2000万円に達する（ただし、売買のタイミングによって結果は大きく変わる）。

投資における複利とレバレッジの組み合わせはF1仕様のレーシングカーのようなものだ。うまく乗りこなすことができれば、お金儲けにとてつもないパワーを発揮する。

もっとも、この「夢の投資法」にも若干の問題がある。予想に反して株価が下落したときに、レバレッジをかけているぶんだけ損失がふくらんでしまうのだ。たとえば先ほどのケースでは、ライブドアショックに端を発した2006年1月の株価暴落でいきなり3000万円のマイナスになって、家も財産もすべて失うというちょっと困った事態になる。

この簡単な試算でもわかるように、複利とレバレッジを限界まで加えれば、短期間でお金を10倍に増やすのはけっして不可能ではない。ということは、これを4回、連続して繰り返せば、理論的には最初の100万円は5年目に100億円になる。

「そんなのはたんなる机上の空論だ」と、あなたは思うかもしれない。もちろん、ほとんどどのひとは大富豪になる前に脱落してしまう。でも、このゲームの参加者が1万人いたらどうだろう。そのうち1人くらいは4回連続で勝ち抜いて、100億円を手にするのではないだろうか。

「人類滅亡の年」の妄想

ひとは突然、奇妙な考えにとりつかれることがある。あれはノストラダムスが人類滅亡を予言した1999年の終わりで、私はまだ会社勤めのサラリーマンだった。当時はITバブルの絶頂期で、日本でもアメリカでも株価は天をつく勢いで上昇していた。そのとき私は、1ヶ月で100万円を1億円に増やすという計画に夢中になっていた。

なぜそんな荒唐無稽な話（というか妄想）にとらわれたのかいまでもよくわからないのだが、そのきっかけは、モメンタム戦略に関する統計学的な研究を目にしたことではないかと思う。モメンタムは「勢い」の意味で、相場が上がっているときはひたすら買い、相場が下がっているときは売って売って売りまくるという代表的な投資戦略のひとつだ。経済学者たちがこのモメンタム戦略の有効性を検証したところ、相場に上昇や下落の明らかなトレンドが存在する場合、平均的な運用成績を10%ちかく上回る著しい効果があることがわかった、というのである。

もしこの研究成果が正しければ、株価の上昇時に大きなレバレッジをかけることで、素人でも統計的に有意な確率で億万長者になれるはずだ。それはまさに、人類の歴史を変えつつあるＩＴ革命のいまをおいてほかにないではないか——私にとりついた妄想を簡単に説明すると、こういうことになる。

マイクロソフトやインテルなどのＩＴ企業、グーグルやアマゾンのようなインターネット企業がきら星のごとく名を連ねるのがアメリカのナスダック市場だ。その主要１００社の平均株価を売買するのがナスダック１００株価指数先物で、シカゴのマーカンタイル取引所に上場されている。Ｓ＆Ｐ５００（アメリカを代表する企業５００社の株価インデックス）と並んで全世界でもっとも売買高の大きな株価指数先物であり、百戦錬磨のプロトレーダーの主戦場でもある（アメリカ市場の知識は、ここでの話を理解するのにぜんぜん必要ない）。

このナスダック株価指数先物は当時、倍率１００倍でレバレッジ率は20倍程度だった。99年夏ごろは２０００ポイント前後だったから、１ドル≒１００円として、１００万円ちょっとで20万ドル相当、約２０００万円分の先物に投資できたわけだ。

当時、日本では個人投資家に株式先物取引の口座を開いてくれる証券会社はほとんどなく、たとえ可能でも過大な証拠金が必要だったり、電話取引しかできないなど、使いものにならなかった。シカゴの株価指数先物ならインターネットで売買でき、取引時間も日本時間で午後11時30分から翌日の午前6時15分（夏はマイナス1時間）なので、仕事から帰って家でゆっくりトレードできる（はずだった）。

でもそれは、海外での取引を選んだほんとうの理由ではなかった。私はもっと邪《よこしま》なことを考えていたのである。

仮に思惑が外れて大きな損失を被ったとしよう。相手ははるか海の向こうの先物取引会社である。わざわざ追証《おいしょう》（損失が発生したときに必要になる追加の証拠金）を取り立てに日本までやってくるなんて考えられないし、万が一、裁判に訴えられたとしても、マイホームやマイカーなど固定資産の類はなにも持っていないから（これはいまでも同じ）自己破産で簡単にチャラにできる。ということは、儲けは無限大で損は最初の100万円だけ、というものすごく有利な取引ではないか――などという無茶苦茶なことを真剣に考えていたのである（いま思うとほんとに恥ずかしい）。

1日で2億円儲けて、7億円損する

私はひと夏を費やしてナスダックの株価データを統計解析し、インターネットで取引できるアメリカの先物会社に口座を開設し、高速接続の回線を自宅に引き、ナスダックの株価が一時的に下落した10月なかばにはじめてのポジションを立てた。

しかし、当初の意気込みに相違して、わずか1ヶ月ですべてを放棄することを余儀なくされた。損したからではなく、精神的・肉体的に限界に達してしまったのである。

最初の予定では、寄付き（市場の開始時間）の値段を見たあといったんベッドに入り、大引け（終了時間）前に起きて、儲かっていれば追加で先物を買い、損していれば売ることにしていた。ストップロス（株価が一定水準を超えたら自動的に反対売買する注文）で損失は限定されているから、熟睡していてもなんの問題もないはずだった。

ところが株価が上昇し（ナスダックは1ヶ月で30％ちかく上昇した）、投資総額が大きくなるにつれて、「株式市場が突然暴落し、ストップロスも効かず、朝起きたときには破産しているにちがいない」という強迫観念が執拗に襲ってきた。最大の恐怖は西暦2000年問題で、「1月1日を迎えた瞬間、世界じゅうのコンピュータが暴走し、社会の機能は麻痺し、株式市場は崩壊する」との〝予言〟が夢のなかまで追いかけてくるようになった。

こうなると、もう眠ってなんていられない。

ひと晩じゅうパソコンのモニタに向かい、リアルタイムの株価ボードと株価チャートを食い入るように見つめ、夜が明ける頃に一時間ほど仮眠をとって会社に出かける。そんな状態が二週間ばかりつづき、ある朝、朦朧とした意識のまま満員の通勤電車を降り、駅の階段をのぼって改札口を出た瞬間、真っ青なはずの空が突然、色彩のない白と黒の世界になった。「このまま死んじゃうのかなあ」と思ったら自分のやっていることが虚しくなって、けっきょく、その日の夜にすべてのポジションを清算してしまったのだ。ようするに、根性のない奴だったのである。

いまにして思えば、私がトレードをつづけられなかった理由ははっきりしている。そのときの私は、100万円を1億円にするという無謀な計画（＝妄想）と日々の仕事をやりくりしようと悪戦苦闘していた。しかしそれは、物理的にも精神的にも両立不可能な企てだったのだ。

ではあの日、会社に辞表を出して億万長者の夢に賭けていたら、いったいどうなっていただろう？

12月に入ると市場はさらに過熱し、株価が1ヶ月で30％以上も暴騰する空前の大相場になった。もしも私が当初の予定どおりモメンタム戦略でトレードをつづけていれば、12月31日時点でナスダック先物200枚、約80億円分を運用し、4億円ちかい利益を手にしていたことになる。最初の投資金額が100万円だから、お金は2ヶ月で400倍になったわけだ。

ただし、私がこの賭けに勝つにはふたつの厳しい条件がついていた。

ひとつは、そのときまで私の精神が崩壊せずに、正気を保ったまま、あらかじめ決めたルールで取引をつづけていたこと。もうひとつは、年末にすべてのポジションを清算してカジノ（先物市場）から出ていき、二度と戻ってこないこと。

年明けの1月3日、ナスダックは100ポイントちかく上昇した。机上の計算では、この日だけで私は2億円あまりの利益を手にすることになる。その利益でさらに先物を買い足せば、運用総額は100億円を突破する。

そして翌4日、株価は一気に250ポイントも暴落した。夜明けを迎える頃には、私は7億円あまりを失って破産していたはずだ。

もっとも、この計画はただの夢物語にすぎない。私は間違いなく、どちらの関門もクリアできなかっただろうから。

市場には魔法使いが住んでいる

ジェイコム株の誤発注で20億円の利益を得た男性が現われたとき、彼の年齢と肩書きが世間の注目を集めた。でもそれは、ほんとうは驚くようなことじゃなくて、逆に「27歳無職」でなければこの話は辻褄が合わないのだ。

失うものがないからこそ、大きなリスクがとれる。言い方は悪いけど、成功するトレーダーは、いつの時代も、パチンコ屋の前で行列しているような若者たちのなかから現われるのだ。何千万円ものボーナスを受け取っている〝金融のプロ〟が、失敗すれば首が飛ぶようなリスクを冒すはずがないではないか。

金融市場は巨大なので、個人でも大きなリスクを負って巨額の利益を追い求めることができる。理屈のうえではリスクとリターンは均衡していることになっているのだが、現実には市場参加者のなかに、莫大な賭け金を積み上げながらも、リスクのきわめて限定されたひとたちがいる。

家庭とか、仕事とか、財産や名声とか、失うものの多い競争相手に比べて、彼らは圧倒的に有利な立場にいる。「成功した」と称するトレーダーがどういうひとたちかを見れば、そのことは一目瞭然だろう。もしもあなたに失うものがあるのなら、あなたが勝つ可能性はきわめて低い。

私がかつて試みた超ハイリスクな投資は、いまでは日本の証券会社でだれでも簡単にできる。日経225先物の試算で示したように、上昇トレンドに乗ることさえできれば、ずぶの素人が100万円を1億円に増やしたとしてもなんの不思議もない。

複利とレバレッジは、投資の世界を知るうえで必須の知識だ。とはいえ、私はハイリスクな投資を勧めているわけではない（やってみたければ自己責任でどうぞ）。なぜかというと、この取引をつづけていると、論理的には最後に必ず破綻するからだ。

いちばんの問題は、成功すればするほど投資総額がふくれあがり、株価が予想とは逆に動いたときの損害が大きくなることだ。それはやがて天が崩れ落ちるように、個人の人生を押しつぶしてしまうだろう。

市場には魔法使いが住んでいる。その魔法使いは気まぐれで、ニートの若者を時代のヒーローにすることも、億万長者を一夜にして塀のなかに落とすことも自由自在だ。

そしてだれも、自分にどんな魔法がかけられているのか、知らない。

第2章　ホリエモンに学ぶ株式市場

スピード違反は犯罪？

2006年1月、ライブドアに対する東京地検の強制捜査をきっかけに証券市場が崩壊し、東証が全面的な売買停止に追い込まれるという異常事態が起きた。その後の取り調べでライブドアの粉飾決算や株価操作が明らかになってきたのだけど、連日の報道に食傷気味になりながら、「いったいホリエモンのどこが悪いの？」と不思議に思ったひとは多いんじゃないだろうか。

新版註：堀江貴文氏のイメージはこの当時から大きく変わったことを追記しておく。とはいえ、本人は気にもしないと思うが。

犯罪というのは、たいていの場合、被害者がいる。殺人事件なら、殺されたひとやその家族とか。じゃあ、ライブドア事件の被害者ってだれ？　そう聞かれて即答できるひとが、いったいどれだけいるだろうか。

「被害者のいない犯罪」というと、すぐに頭に浮かぶのはスピード違反だ。北海道の原野を時速120キロで走ったって、だれかが迷惑するわけじゃない。それを取締りカメラに撮影されて罰金を取られても、「運が悪かったね」と同情されこそすれ、犯罪者呼ばわりされることはないだろう。

世の中の法律違反がすべて犯罪になるわけではない。逆に、すべての犯罪を法律で取り締まれるわけでもない。人間社会は複雑なので、あらゆる事態を法律の条文に盛り込むのは不可能なのだ。

私はホリエモンになんの興味もなかったし、ライブドアの株を買おうと思ったこともないけれど、逮捕後の新聞やテレビの報道を見ていてちょっとだけ彼に共感するところがあった。目を覆いたくなるようなバッシング（とくにテレビのワイドショー）に辟易《へきえき》した、ということもあるけれど。

ホリエモンには、自分のやっていることが法律違反（少なくともグレイゾーン）だという認識はあったかもしれない。でも、それが犯罪だとは思ってなかったんじゃないだろうか。ちょうどスピード違反みたいに。

「みんなやってることだし、だれにも迷惑かけてないじゃない。それに、僕はちょっと急いでたんだ」

ホリエモンがスピード違反したのは北海道の原野ではなく、日本の証券市場だった。交通事故の巻き添えをくったひともいっぱいいたから、自分勝手な理屈であることは間違いない。でも、それってどのくらい悪いことなの？

簡単にいうと、ホリエモンは株式市場で錬金術を行なう方法を見つけたんだ。それだけで時価総額1兆円の企業グループをつくりあげたのだから、たとえ蜃気楼だったとしても、たいしたものではある。

彼の勘違いは、そうやって稼いだお金でノロマな会社を買収すればみんなよろこんでくれるって思い込んだことだ。

「世の中からぐずな奴がいなくなればうれしいでしょ。〝改革〟ってそういうことなんでしょ？」

でも国家は、彼が思っているよりもうすこし意地悪だったのだ（たぶん）。

この章ではホリエモンから株式市場の秘密を学ぼうと思うのだが、その前に、お金儲けとはなにか、ちょっと考えてみたい。

資本主義の原理

経済学者の岩井克人は繰り返し、資本主義は差異から利潤を生み出す原理だと述べている。

貨幣の誕生とともにはじまった商人資本主義では、空間的な差異（場所による値段のちがい）が利潤の源泉になった。青森県でリンゴが1個100円、東京では1個300円で売られているとすると、1個150円で青森のリンゴを仕入れ、それを東京のスーパーで1個250円で販売すれば、ライバルを蹴落として儲けをひとりじめできる。この仕組みに気がついた企業家の登場によって、青森のリンゴは値上がりし、東京のリンゴは値下がりして、その価格差は輸送費・保管料に人件費を加えた金額まで縮小するだろう。

産業革命によって生まれた初期の産業資本主義では、都市と農村の賃金格差が利潤の源泉になった。労働者の時給が日本では平均1000円で中国では100円だとすれば、中国で工員を募集したり、工場そのものを中国に移転してしまうことで企業は大きな利益を得ることができる。

後期産業資本主義では、それに時間的な差異（未来と現在のちがい）が加わった。19世紀なかばまで、ひとびとは馬車や人力車しか移動手段を持っていなかった。イノベーションとは、未来の現実（蒸気機関車や自動車、飛行機の発明）を先取りして、現在の馬車道をハイウェイに変えていくことだ。20世紀後半になると、情報通信技術からバイオテクノロジーまで、科学の発展や技術革新から莫大な富が創造されるようになった。

資本主義は、このように、市場に存在するあらゆる差異（価格の歪み）から利潤を生み出す原理だ。企業家とは、市場の歪みにだれよりもはやく気づき、利己的な動機から金儲けをたくらみ、結果として市場を効率化させ、社会の富を増大させる者のことをいう。自分勝手な欲望がひとびとの幸福につながるこの不思議な仕組みのことを、アダム・スミスは「見えざる手」と呼んだ。

地味なホームページ制作会社を経営していた1人の若者は、幸運にも20世紀末のインターネットバブルに間に合って株式の上場に成功し、日本の証券市場に巨大な歪みが潜んでいることを見つけた。その歪みを利用すれば、労せずして莫大な富が手に入る。

それに気づいたとき、若者はつぶやいたかもしれない。

「なんだ、金儲けなんか簡単じゃん」

市場原理がないからライブドア事件は起きた

ホリエモンの容疑は、株価維持を目的とする粉飾決算と、株を高値で売り抜けるための相場操縦（偽計取引と風説の流布）である。ここでは、直接の逮捕理由となった株式分割による相場つり上げを例にとって説明しよう。

最初に問題をひとつ。

豆が100個入った箱が、1箱100円で売られていたとする。この豆を机に並べて、1個ずつバラ売りしたとしたら、豆ひとついくらになるだろう？

箱入りだろうがバラ売りだろうが、豆の価値になんのちがいもない。当然、100個で100円の豆は1個1円に決まっている。だれだってそうこたえるだろう。ところが日本の証券市場では、株式をバラ売りするだけで、1個1円のはずのものが10円や20円になったのだ（実際の市場では、バラ売りするほど手間がかかるので、そのぶん価格は割高になる。だがデジタル化された株式市場では、1株売るのも100株売るのも同じことだから、小売りによるこうした価格上昇効果はきわめて小さい）。

それではなぜ、こんな奇怪なことが起きたのだろう？　それは日本国の法律で、豆100個をバラ売りする際に、99個をいったん倉庫に入れるように決められていたからだ。そうなると、市場には豆1個しか残らないことになる。1週間後には残りの豆が入荷するとわかっていても、いますぐ豆を食べたいひとだっているだろう。その結果、需要と供給の法則によって、バラ売りすると豆の値段は上がるのである。

だが、話はここで終わらない。この豆には、ほかのひとに自由に転売できるという特典がついているのだ。そうすると、1個1円の豆を2円で買ったひとはそれを3円でだれかに転売しようとし、3円で買ったひとは5円で別のひとに売りつけようとし、5円で買ったひとは10円出してもいいというもの好きを探す……というように値段はどんどん上がっていく。そして最後には、豆1個20円というとんでもないことになってしまうのだ。もしもすべての豆がこの値段で売れるのなら、バラ売りしただけで、1箱100円の豆は20倍の価値を持つことになる。

もちろん、まともな市場経済ではこんなことはあり得ない。豆の値段が倍になれば、これまで裏庭でほそぼそと栽培してきた零細農家が出荷しはじめるだろう。いろんな手間を考えても、じゅうぶんに元がとれるようになったからだ。こうやって豆の供給が増えることで、値段はゆっくりと元に戻っていく。これが、市場原理だ。

ライブドア事件は「市場原理の失敗」といわれているが、これはとんでもない勘違いである。なぜならホリエモンの金儲けは、この国の証券市場に大きな欠陥があり、市場原理がはたらかないことではじめて可能になったのだから。

〝ホリエモンの冒険〟はこうしてはじまった

１００個で１００円の豆をバラ売りすれば1個1円である。同様に1株１００万円の株を１００分割すれば1株1万円になる、はずだ。しかし小学生にでもわかるようなこの算数が、日本の証券市場では成立しなかった。

そればかりか、もっと奇妙なことがある。あらかじめ株を持っていたひとも、新株が流通するまでは、どんなに株価が上がっても売ることができなかったのだ。どういうことだろう？

あなたが豆１００個入った箱を1箱（1株）持っていて、会社が豆をバラ売りすることに決めたとしよう。するとあなたの手元にある豆99個が一定期間強制的に取り上げられて、手元には豆1個（1株）しか残らないのだ。ということは、たとえ豆1個の値段が20円まで上がったとしても、株主であるあなたはただ指をくわえて見ているしかない。世の中にこんなバカバカしい話があるだろうか。

しかしそれでもなお、市場原理を活用することによって、このデタラメを正すことは可能だった。もちろん証券市場では、ホリエモン印の豆のかわりにほかの豆（たとえばミキタニ印）で代用することはできない。そのかわり、空売りという仕組みで株の値段を適正に保っている。

市場ではいま、豆が1個20円で売られている。ところが1週間後には、倉庫にある99個の豆が出荷されることに決まっている。そうなると市場には豆があふれ、値段は元の1個1円まで下がるにちがいない。

あなたが野心的な投機家（ギャンブラー）なら、この大きな歪みを利用してなんとか儲ける方法がないか知恵をしぼるだろう。

じつはここにひとつ、うまい方法がある。

巷には20円出しても豆がほしいというひとがたくさんいる。あなたには、肝心の豆がない。そこで持っていない豆を、先に1個20円で売ってしまうのだ。

なぜこんな手品のようなことができるかというと、すでに豆を持っているひとから、「1週間後に必ずお返しします」という証文と引き換えに借りてくるからだ。豆は1週間後に1個1円まで値下がりしているはずだから、あとはそれを市場で買って返しにいけばいい。これで、順番はちょっと前後するが、1個1円で買った豆を20円で売ったことになり、1個あたり19円のボロ儲けが実現する。これが信用取引でいう空売りの仕組みだ。

ところで、この空売りが自由にできる市場では、バラ売りされた豆が20円まで値上がりすることはない。2円、3円と上がっていったところで、さっそく空売りする気の早い投機家が出てくるからだ。仮に2円で空売りしても、1週間後には1円で買い戻せるのだから、労せずしてお金は倍になる。そのことがわかるとさらに多くの投機家が空売りをはじめ、けっきょく最後には、バラ売りしても豆の値段は変わらなくなってしまうだろう。こうして、1箱100円の豆は1個1円で売られるようになって、市場の歪みは消える。

ところがホリエモン印の豆では、この仕組みもはたらかないようになっていた。ライブドア株は、信用買いはできても空売りはできないよう規制されていたのだ。

信用買いができるということは、豆を担保にお金を借りてさらに豆を買い足せるということだ。一方、空売りは禁止されているので、豆の値段が高すぎるとわかっていても、投機家は先に豆を買わないかぎり売ることができない。

こうして、錬金術を実現するふたつの条件が整った。100個の豆をバラ売りしたら、市場には豆が1個になってしまう。そして、値上がりした豆を空売りすることは禁じられている。だったら、豆の値段は上がるしかないではないか。

このカラクリに気づいたときに、〝ホリエモンの冒険〟は幕を開けたのである。

空からお金が降ってくる？

ある会社の経理部員が、今期の決算が予想よりずいぶん悪いことに気がついた。決算発表は1週間後で、その事実が市場に知れ渡れば株価は大きく下落する。そこで彼は、あらかじめ株をこっそり空売りしておくことを思いついた。決算発表後、予想どおり株価は大きく値下がりし、その儲けで彼はカローラからＢＭＷに買い換えた――。

株式市場ではこのような行為を「インサイダー取引」として厳しく禁じている。一般投資家が知らない内部情報に基づいて投資すれば、だれでも確実に儲けられる。白昼堂々とイカサマができるようなカジノではだれも安心して遊べないから、この規制は当然のことだ。

インサイダー取引は証券取引等監視委員会（ＳＥＳＣ）によってきびしく監視され、摘発されることになっている。しかし現実には、１日の株式売買代金４兆円、売買高40億株にも達する市場の取引すべてをモニターするのは不可能で、ザルで池の水をすくうような状態がつづいている。

日本のマーケットでは、企業が巨額損失を発表するような場合、２、３日前から株価が下落しはじめるというケースがじつに多い。当然、インサイダー取引が疑われるのだが、事件になるのはごく一部だ。

インサイダー取引は重大な犯罪だから、これを自分の証券口座でやるようなバカはいない。妻の弟とか友人の父親とかの名義で目立たない程度に取引されれば、因果関係を証明するのは至難の業《わざ》だ。もうちょっと大がかりになると、海外の投資会社や証券会社が利用されることもある。こうなると、いったいだれが取引しているのかまったくわからない。たまに表沙汰になるのは、ほとんどが仲間割れか嫉妬による内部告発だ。

ホリエモンの錬金術は、このインサイダー取引を大規模に、かつ巧妙に行なったものといえる。

その詳細は新聞やテレビのニュースですでに繰り返し報道されているが、ようするに、企業合併を利用して投資事業組合に自社株を預け、株式分割の発表で株価が値上がりしたら高値で売り抜けて、その儲けを自分の会社に還流させていたのだ（スイスのプライベートバンクに秘密口座があって、脱税や横領に使われたのではないかとも疑われたが、東京地検の捜査で犯罪性は認められなかった）。でもなんで、こんな面倒なことをするのだろう。

ホリエモンには、じつはクリアしなければならないもうひとつのハードルがあった。日本の法律は、会社が自社株を取得することにきびしい制限を課しているからだ。いくら株価が上がっても、肝心の売り物（自社株）がなければ儲けられない。

ところが、支配下にある投資事業組合に適当な会社を買収させて、ライブドアが発行した自社株と買収相手の株を交換（株式交換）してしまえば、いくらでも合法的（というか脱法的）に新株を発行することができる。これはようするに、お札を印刷しているのと同じことだ。

社長が覚醒剤取締法違反でつかまった会社とか、創業者が会社の金を持ち逃げして業務上横領で逮捕された会社とか、ライブドアはずいぶんヘンな会社を買っている。これはホリエモンの〝戦略〟ということになっているけど、じつは安ければなんだってよかったんだ。だって、株式市場で儲けるためのただの道具なんだから。

インサイダー取引はふつう、株価が大きく動くようなイベント（大型合併とか、巨額損失とか）がないと成立しない。ところがホリエモンは、そのイベントすら自由につくりだすことができた。株式分割は取締役会の決議を得るだけで、いつでも好きなときに実施できるのだ。

そのうえ株式分割そのものは、理論的には株価になんの影響も与えないことになっている。市場の欠陥によってたまたま株価が急騰したとしても、それは彼が作為的に行なったことではない。だったら、その僥倖《ぎょうこう》を利用して儲けるのは経営者として当然のことではないか。

ホリエモンの心境を忖度《そんたく》するに、ようするに彼は、道を歩いていたら空からお金が降ってきたので、それをいちばん最初に見つけて拾った、くらいにしか思っていないのではないだろうか。

「目の前のカネをつかまないような経営者に投資しようって思う？」と、ホリエモンは聞く。株主のこたえは明らかだろう。「世の中にカネで買えないものはない」と信じるこの若者に、彼らは倫理や正義なんかじゃなくて、ただ利益のみを求めたのだから。

それでは、この事件に怒っている被害者っていったいだれ？

ホリエモンは資本主義そのもの

１個１円のホリエモン印の豆は、バラ売りすることによって１個20円まで値上がりした。そしてホリエモンだけが、この豆を自由に売ることができた（だって株券を印刷すればいいだけだから）。これはたしかにズルい。でも一般の投資家だって、このギャンブルに参加して儲けるチャンスは十分にあった。

テレビや新聞は「濡れ手で粟」みたいなことを言い立てているけど、株を高値で売り抜けるのはじつはけっこう難しい。いちどに大量に売ると相場が崩れてしまうし、高値を待っていると売り逃してしまうかもしれない。けっきょく、平均してみると豆1個5円でしか売れなかった、ということも十分にあり得る。その一方で、5円で買った豆を最高値の20円で売り抜けて大儲けした投資家だっていっぱいいたはずだ。

そうすると、被害者は豆1個20円で買った哀れな投資家だろうか？　でも、彼がなぜ高値づかみをしたかというと、もっと高値で買う奴がいると思ったからだ。ようするに、ギャンブルとわかって参加して、予想が外れたのである。ふつう、これを「被害者」とは呼ばない。

「彼だってライブドアの株主じゃないか」との反論があるかもしれない。だが、ギャンブルに負けた投資家が長く株主にとどまることはない。自分より高値で買う人間がいないとわかった瞬間、彼にできるのは一刻も早く売ることだけだ。こうして最後は、豆1個が1円に値下がりするまで待っていた経済合理的な投資家が株主になるのである。

ではこうした株主が「被害者」かというと、じつはそんなこともない。

報道によれば、ライブドアは投資事業組合の利益を自社に還流させて決算を粉飾していた。もちろんこれは違法行為だが、産業再生機構に売却されたカネボウのように存在しない利益を計上していたり、経営破綻した山一證券や長期信用銀行のように巨額の不良債権を隠蔽していたケースに比べると事情はかなりちがう。ライブドアの場合、錬金術によって生み出した金が目の前にあり、それを会社の儲けに付け替えただけだ。ということは、利益が増えた分だけ企業価値は上がっているはずだ。株主だってちゃんと得しているのである。

それでは、被害者は国民だろうか。残念ながらこれも正しくない。ライブドアは会計操作によって、本来であれば赤字であるはずの決算を黒字に見せかけていたとされている。黒字であれば、当然、法人税を納めなくてはならない。ホリエモンは、海外に置いてある自社株の売却益をわざわざ国内に送金して、税金を払っていたのである。

ライブドアのビジネスモデルというのは、簡単にいえば、株式市場を舞台に賭博を開帳し、胴元とプレイヤーを兼ねることで、甘い蜜を求めてやってくる投資家（投機家）からぼったくることだ。この博打から得た儲けは本業の利益に付け替えられ、それによってまた株価が上がる。そうすると、次はもっと大規模な賭博を手がけることができる。

だが、この行為を即座に悪と決めつけることはできない。彼らは株式市場の制度的な歪みを利用しているだけで、市場の歪みから利益を得る行為は資本主義の原理そのものだからだ。ホリエモンを否定することは、資本主義を否定することになってしまう。

ここに、ライブドア事件の不思議がある。〝日本を揺るがせた経済犯罪〟で得をした人間は（もちろん本人を含め）たくさんいるものの、「被害者」がどこにいるのかだれも知らないのである。

究極のヴァーチャルカンパニー

ライブドアに投資したひとたちはみんな、ホリエモンを日本経済の救世主だと信じていたのだろうか。そんなはずはないだろう。彼のやっていたことはどうみてもあやしいし、ちょっと調べれば事業に実体がないことはすぐにわかるからだ。

それではなぜ、ホリエモンの錬金術は成功したのだろうか。じつはここに、株式市場のもうひとつの秘密が隠されている。それは、**株式投資においては自分がどう思っているかは関係ない**、ということだ。

テレビにホリエモン大好きの小学生が出て、「お小遣いであたしも株を買ったの！」と叫ぶと、ライブドアの株価が上がる。もちろんこの小学生が500円玉で1株買ったとしても、実際の株価にはなんの影響も与えない（ライブドアの株式発行総数は10億株もあるのだ）。

ところがこのニュースを見て、「こんなガキまでホリエモンに投資するのか。だったら、ほかにもいっぱいそういう奴がいるにちがいない」と考えるひとが出てくる。彼が経済合理的な投資家だったら、「先回りしてライブドア株を買っておけば儲かるかもしれない」と思うだろう。

あるいは、あなたはもっと慧眼《けいがん》の投資家で、ライブドアのビジネスがインチキだと見抜いているかもしれない。小学生投資家のニュースを見ても、「あんな詐欺師にだまされてかわいそうに。これでライブドアの株を買うバカがまた増えるんだろうな」と溜め息をつくだけだ。しかし、これでも話の結末は変わらない。あなたが経済合理的な投資家であるかぎり（慧眼の投資家なんだからそうに決まっている）、「バカな奴らが争って買う前に先回りしてライブドア株に投資すれば儲かるにちがいない」と考えるだろう。

株式投資のこうした特徴を最初に見抜いたのは経済学者のケインズで、彼はそれを美人コンテストにたとえた。ただし、自分の好みの女性ではなく、みんながいちばん美人だと思う女性に投票するコンテストだ。

どうやったらこのゲームに勝てるか、考えてみてほしい。すぐに、自分の好みが勝ち負けになんの関係もないことに気がつくだろう。大事なのは、みんながだれを美人と思うか、なのだ。

たとえばあなたが、「黒髪が美人の絶対条件である」とかたく信じていたとしよう。でも世間では、「金髪がいちばん美しい」というのが常識になっていた。そうなると、たとえあなたが金髪嫌いでも(子どものときにふられたことがある、とか)、黒髪の美女ではなく金髪のブスに投票するのが正しい選択なのだ。

それでは、あなた以外のすべてのひとも「黒髪の女性のほうが美しい」と考えていたらどうだろう。しかしこれでも、美人コンテストに勝つのは金髪の女性である。なぜならみんな、「ほかの投票者は金髪の女性に投票するだろう」と考えているのだから。

株式投資の本質を冷徹に分析したケインズは投資家としても知られ、母校ケンブリッジ大学の資産運用責任者として大きな利益をもたらした。ホリエモンも同様に、株式市場のこのメカニズムを熟知していたにちがいない。

株価を上げるには、プロの投資家に「優秀な経営者だ」とか「すばらしい会社だ」とか認めてもらう必要はない。ハーメルンの笛吹き男に惑わされた子どもたちじゃないけれど、派手なパフォーマンスに勘違いするひとがすこしでも出てくれれば十分なのだ。そうすれば最後には、自分のことをバカにしたり、嘲《あざけ》っていた連中も争ってライブドアの株を買うようになる。だって儲かるんだから。

そう考えると、ホリエモンがメディアの買収に執着していた理由がとてもよくわかる。株式投資は、ある意味で、他人の予想を予想するという奇妙なゲームである。そして情報化社会では、この予想の連鎖は増幅されて、ひとつの大きな流れになる。必要なのはテレビやインターネットなどの情報発信装置だけで、極端にいえば、会社の実体なんてなくたっていいのだ。いったん市場で認知されれば、六本木ヒルズの本社には看板だけがあってなかはがらんどうでも、株価はやはり上がるだろう。

これが、ホリエモンが目指していたヴァーチャルカンパニーである。これはべつに荒唐無稽な話ではなくて、彼の野望が実現する可能性はかなり高かったんじゃないかと思う。だってそれは、株式市場の本質そのものなのだから。

無邪気な子どもたちが日本を廃墟にする

いまから振り返ってみると、ホリエモンのやっていたことは、テレビゲームに興じる子どもと同じだ。彼らをいちばん夢中にさせるのは、プログラムのバグや裏技を見つけることだ。それによって究極の必殺技を手に入れたり、一気にキャラクターのレベルを上げたりできる。

市場経済においては、だれも価格の歪みから永続的な利益を得ることはできない。一攫千金を目指すゴールドラッシュの時代のように、いったん儲け話が伝わると、ひとびとの無限の欲望によってどのような金鉱も一瞬で掘り尽くされてしまう。

しかしその歪みが制度（システム）から生み出されたものなら話は別だ。市場のスピードに比べて国家はあまりにも鈍重なので、ルールが改正されバグ（歪み）がなくなるまでずっと儲けつづけることができる。ライブドア（当時の社名はオン・ザ・エッヂ）の株式分割が問題になったのは99年11月の東証マザーズ創設にまで遡《さかのぼ》るのだ。

しかしそれでも、いずれルールは変わり、儲けの種はなくなってしまう。新株の即時発行や大幅な株式分割は事実上不可能になり、別のビジネスモデル（すなわちシステムのバグ）を見つけなくてはならなくなった。

ホリエモンが新しい遊びを覚えたのは２００４年６月にプロ野球への参入を試みたときではなかったかと思う。そして２００５年２月のニッポン放送株大量取得で、それが確信に変わった。

彼がはじめたのは、マネーゲームで手に入れた利益をもとに株式市場から莫大な資金を調達し、因習とか国家の規制とかにがんじがらめになった業界を乗っ取ることだ。歪んだ世界からいくらでもカネがこぼれ落ちてくることを彼は知っていたし、みんなが拍手喝采してくれるんだからこれほど面白いことはない。事業そのものが虚像なので、つぎつぎと新しいことをやらないと株価を維持できないという事情もある（この間、下方修正条項付き転換社債MSCBというオモチャを手に入れたのだが、説明が煩瑣《はんさ》になるので省略する）。

この仕組みは、レバレッジを限界までかけた超ハイリスク投資と同じだ。遊びつづけようと思ったら、M&A（合併・買収）をやめるわけにはいかない。だが買収できる会社の数には限りがあり、いずれこのゲームは行き詰まる。そのときライブドア・グループはいまよりずっと大きくなっていて、その破綻はハルマゲドン級の災厄を日本経済にもたらすことになったかもしれない。

この話、どこかで聞いたことがないだろうか。

そう、これは大友克洋の名作『AKIRA』のような物語なのだ。無邪気な子どもが世紀末の東京を巨大な廃墟に変えてしまう……。マンガ世代の若者たちがいまもホリエモンを支持している理由は、じつはこのあたりにあるのではないだろうか。

だがアニメ的な自己増殖の物語は、今回の逮捕によって、証券取引所のシステムを崩壊させただけで終結を迎えてしまった。それはたぶん、日本の社会にとってよいことなのだろう。

それでもやっぱり、もうちょっと先まで見てみたかった、とは思う。

ホリエモンは、株式市場というヴァーチャルなゲーム空間が生み出した類まれなキャラクターだった。私たちの社会に潜む欲望や歪みが、そのキャラをモンスターに変身させたのである。

第3章　デイトレードはライフスタイル

もうひとつの自由の可能性

バリ島の観光地クタから北へ車で5分ほど走ると、鄙《ひな》びた田舎道にヨーロッパ風の瀟洒なカフェやレストランが点在するリゾート地スミニャックに至る。ホテルは長期滞在者向けのヴィラが中心で、クタの喧騒（といってもイスラーム過激派のテロによる爆破事件以来、観光客はずいぶん減ってしまったが）とはずいぶん雰囲気がちがう。

私がよく通ったインターネットカフェは、狭い路地の一角にあった。そこにはモニタ2台を並べたブースがあって、いつも「reserved（予約済）」の札がかけられていた。

新版註：スマホや高速WiFiのない時代の話だ。

ある日の夕方、ちかくのイタリアンレストランで食事をしたあと、急ぎのメールを送るためにカフェに立ち寄ると、20代後半と思《おぼ》しき金髪の若者が、短パンにTシャツ、ビーチサンダルといったラフな格好でブースに陣取り、真剣な表情でモニタを見つめていた。そこには、リアルタイムの株価チャートがびっしりと並んでいた。彼はデイトレーダーだったのだ。

その日は思ったように株価が動かず退屈していたのか、彼のほうから「君もトレードするのかい？」と声をかけてきた。それですこし話をしたのだが、彼はオランダからの旅行者で、アジアを放浪する費用をトレーディングで稼いでいるのだという。売買するのはロンドンとフランクフルトに上場されている株式で、それぞれの市場の株価を2台のモニタで監視し、売買のタイミングを待つ。コンピュータをブースで囲っているのは、ほかの客が勝手にシステムをいじらないようにするためだ。利用するのはヨーロッパ市場が開く夕方から深夜までだが、もちろん、店には1日分の料金を払っている。

「この方法で1ヶ月3000ドル（約36万円）くらいは確実に儲かるんだよ」と、彼はさまざまなチャートを表示しながら、ちょっと自慢げにいった。目標金額に達したらトレードをやめて旅行に行くから、ブースにこもるのは1ヶ月に10日から2週間だという（そのあといろいろな売買テクニックを教えてくれたのだが、残念ながら私にはよく理解できなかった）。

1997年、アメリカの裁判所で〝歴史的〟な判決が下された。1人の個人投資家が、機関投資家と対等のトレード機会が自分に与えられないのは不公平だと証券取引所を訴え、勝訴したのだ。この決定によって、個人のコンピュータからダイレクトにナスダック市場のメインフレーム・コンピュータにアクセスすることが可能になった。これがデイトレード元年だ。

当初は全米の主要都市に設けられたトレーディングルームから衛星回線で証券取引所のコンピュータと交信していたのだが、インターネットの普及とIT技術の急速な進化によって、いまでは無人島や砂漠の真ん中でもプロと遜色のないトレードができるようになった。デイトレードの波は、アメリカからヨーロッパ、アジアへと急速に世界じゅうに広がっている。

デイトレードは、たんにトレーディングの手法のことではない。技術的にいえば、彼らのやっていることはむかしながらの株式トレーダーとなにも変わらない。

私が出会った若者は、物価の安いバリ島に長期滞在しながら（月3000ドルは現地では大金だ）、時差を利用してトレーディングの時間を夕方にずらし、昼間はビーチでサーフィンに興じ、夜はナイトクラブに踊りにいくという気楽な生活をつづけていた。これがヨーロッパの旅行者のひとつの理想で、いつしかアジアの安宿街にはトレーダーなのかバックパッカーなのかわからない若者たちが屯《たむろ》するようになった。

彼らにとってデイトレードはライフスタイルであり、もうひとつの自由の可能性なのだ。

競馬必勝法が存在しないわけ

株式投資がコイン投げのようなギャンブルだとすると、論理的には、トレーディングで長期にわたって利益を出しつづけることはだれにもできない。これは短期の株式売買すべてについていえることだが、偶然のゲームを一定の回数以上つづけると、かならず手数料のぶんだけ損してしまうのだ。

たとえば競馬は、控除率25％というきわめて割の悪いギャンブルである。1万円で馬券を買うと7500円から賭け事が始まるわけで、これだけ手数料率が高いと、戦績や血統の分析でわずかに勝率を高めることができたとしても、とうてい利益を出すまでには至らない。

新版註：その後、過去のビッグデータを統計解析することで、手数料を考慮しても公営競馬で利益を出せることが証明された。いまでは数学の天才たちを集めたベッティング・シンジケート（賭け会社）が、競馬だけでなく、サッカー、野球、バスケットボール、アメリカンフットボールなどのベッティングから巨額の利益をあげている。

それよりもっと分の悪いギャンブルが宝くじで、こちらは賭け金の半分以上が日本宝くじ協会の収益になる。当然、宝くじを購入したひとのほぼ全員が、一生、損をしたまま終わる。「宝くじは愚か者に課せられた税金」といわれる由縁《ゆえん》だ。

「そんなことといったって、宝くじを当てて億万長者になったひとがいるじゃないか」との反論があるだろう。これは事実ではあるものの、それでもこの議論の正しさは変わらない。宝くじの当せん確率はきわめて小さく、また一生に購入できる回数も限られているので、どれほど熱心なファンでも統計的に十分な回数を賭けることはできない。もしも一等当せん者が不死の生命を持ち、その後も宝くじを買いつづけたならば、彼は確実に賭け金の半分を失うことになるだろう。「小さなお金で大きな夢がかなう」という倍率のマジックによって、数字の苦手なひとたちを幻惑しているのである。

競馬や宝くじのような〝悪質〟なギャンブルに比べて、デイトレードははるかに勝率が高い。株式売買手数料をゼロにするネット証券まで現れ、株式投資はすべてのゲームのなかでもっとも有利なギャンブルのひとつになった（実際には利益に対して課税されるため、それが追加コストとなって利回りは引き下げられる。ちなみに上場株式の譲渡所得に対する現在の税率は20％プラス復興特別所得税0・315％）。

市場を効率的なものであると信ずる経済学者は、〝常勝トレーダー〟の存在を認めようとしない。たとえ100万円を5年で100億円にしたトレーダーが現われたとしても、「そんなのは偶然だ」のひと言ですませてしまうだろう。

だが私は、デイトレーディングで安定した利益をあげることは可能だと思っている。ひとつは、株式市場は経済学者の思うほど効率的ではないからであり、もうひとつは、自ら考案した売買システムで年間数千万円から数億円の利益を継続してあげているトレーダーを何人か知っているからだ。

それでも私は、自分がデイトレーダーになろうとは思わない。その理由を、ここでは説明してみたい。

株式トレードは心理ゲーム

株価は、理論的には、企業の業績によって決まる。だがその一方で、ケインズが理解したごとく、株式投資は「美人投票」でもある。株式市場のプレイヤーは、自分の好みとは関係なく、他のプレイヤーが美人と思う銘柄に投票するのだから、これは一種の心理戦でもある。

デイトレードは「1日に何度も売買を繰り返し、ポジションを翌日に持ち越さない投資手法」と定義される。売買の間隔を極端に短くすれば、GDPや失業率や業績予想など株価を動かすさまざまな要素の影響は消え去り、市場に参加するプレイヤーの思惑だけが残る。このとき株式投資は、心理的な駆け引きで勝負の決まるポーカーのようなゲームになるだろう。

デイトレードのプレイヤーは、株価チャートから他のプレイヤーの手札を予測し、頻繁にポジションを変えてその裏をかこうとする。これはじつによくできた心理ゲーム＝ギャンブルで、そのためアメリカでは、ラスベガスのカジノから株式市場や先物市場にプロのギャンブラーが続々と移動しはじめている。売買を1日で完了しポジションを残さないのは、自分の関与しないところで損失が発生するリスクを避けるためだ。

株式トレードがプレイヤー同士の心理戦の側面を持つ以上、それは常に相場操縦と紙一重だ。もっともよく見られるのが、インターネットの匿名掲示板やメール配信サービスを利用して自分に有利なニセ情報を流布させる行為で、これは仕手筋と呼ばれる相場師の手口でもある。「見せ玉《ぎょく》」という手法も頻繁に使われていて、こちらは架空の売買注文を大量に出すことで、その銘柄に注目が集まっているかのように装う行為だ（当然、注文は約《やく》定《じょう》する前に取り消してしまう）。

インターネットの普及につれて、個人投資家でもこれらの手法を組み合わせ、自作自演で相場を動かすことが容易にできるようになった。こうした相場操縦はいずれも金融商品取引法違反で、懲役刑を含む重い罰則が定められているのだが、犯意の証明が難しいこともあって、違法すれすれの行為はあとを絶たない（２００５年12月に北海道の個人投資家が証券取引法違反で有罪判決を受けたが、彼はたった１人で株価を5倍の高値にはねあげる大相場を演出していた）。

もっとも日本の株式市場では、定義どおりのデイトレーダーはそれほど多くない。いくら売買手数料が安いとはいっても、頻繁に売買を繰り返せば、手数料コストだけで利益が吹っ飛んでしまう。そのうえデイトレードは、派手な外見にかかわらず、わずかな利益をこつこつと積み上げていく地味な投資手法なので、少額の投資資金を短期間で大きく増やすには不向きなのだ。

デイトレードよりも投資期間を長くし、もう少し大きな波に乗ろうとするのが「スイングトレード」で、値動きの荒い銘柄にギャンブル的に投資し、１～２日の価格の変動で多額の利益を狙う投資家に好まれる。1ヶ月のあいだに数回トレードする旧来型のトレードを「短期売買」といったりもする。投資雑誌などで、1日に数百回もトレードする投資家がいると話題になったりするが、その多くは「プログラム売買」である。コンピュータに株式市場の値動きを監視させ、特定のパターンになったら自動的に売買を実行させているのだ。

こうした投資手法はさらに細分化されていて、そのちがいを説明しはじめれば切りがないが、ここではすべてまとめて「トレーディング」と呼ぶ。なぜなら、すべてのトレードに共通するひとつの原則があるからだ。

だれかが得をすればだれかが損をする

デイトレーダーになれば嫌な会社勤めなどしなくてもいいし、世界じゅうを旅して自由気ままに生きていくこともできる。これはとても魅力的な提案だが、じつはちょっとした罠がある。トレーディングはゼロサムゲームなのだ。

「ゼロサム」は儲けと損の合計（Sum）がゼロになることで、すべてのゲームの基本形だ。100円を賭けてコイン投げをすれば、一方は100円儲け、他方は100円損して、両者の合計はゼロになる（ふつうはここから手数料が差し引かれ、マイナスサムになる）。

株式トレーディングにも、同じ理屈が当てはまる。そのことは、売買が成立したという事実から簡単に証明できる。

ある株に100円の値がつくということは、株式市場において、その株を100円で買った投資家と、100円で売った投資家がいるということだ。前者がなぜ買ったかというとその株がこれから値上がりすると予想したからで、後者が売ったのは逆に値下がりすると考えたからだ。このように株式取引では、どのような場合でも、正反対の予想をする投資家が同数（同株数）いないと売買が成立しない（もし片方しかいなければ、株は上がりつづけるか下がりつづけるかしかない）。

流動性の高い株式市場では、売買が成立した直後に、株価は上か下のどちらかに動いているはずだ。それはすなわち、2人の投資家の一方の予想が当たり、もう一方が外れたということだ。株価が110円に上がるのか90円まで値下がりするのかで賭けの勝者は異なるが、どの時点をとっても、2人の損益を合計すればゼロになることに変わりはない。株式トレーディングというのは、原理的にはこのゼロサムゲームを無限に繰り返す取引だから、すべての取引の合計も必然的にゼロサムになる。

だれかが100円儲けるということは、だれかが100円損することである。だれかが1万円儲けるということは、だれかが1万円損することである。ここまでは理解できただろうか。

そうすると、当然、次のようなシンプルな事実に気がつくだろう。**だれかが100万円を5年間で100億円に増やしたということは、だれかが5年間で100億円（正確には99億9900万円）を失った、ということである。**

もちろん、1人の人間にこれほどの損失が背負えるわけはない。ということは、この損は多くのひとに分散されているのだ。1人の成功者の陰には、たとえば、なけなしの100万円をすってしまった投資家が1万人いるのである。

チャートで未来は読めるか？

日本にはデイトレードに関する統計調査はないが、ひと足早くデイトレーディングのブームを迎えたアメリカでは、新たにゲームに参加したトレーダーの7割以上が1年後にはすべての資金を失って去っていく、といわれている。デイトレーダーのうち、生き残るのは全体の5％という報告もある。これらの統計がどの程度正確か判断する根拠を私は持ちあわせていないが、かなり実態にちかいのではないかと思う。一方に莫大な利益を手にするトレーダーがいる以上、その反対側に、膨大な数の敗者がいなければ辻褄が合わないからである。

論理的にも、事実としても、「デイトレードがかならず儲かる」というのは明らかな誤解である。それなのになぜ新規参入者があとを絶たないかというと、その理由は簡単で、テレビや雑誌、インターネットには「成功したトレーダー」しか登場しないからである。損をして退場していったひとたちは、大きな声で自らを語らない。その結果、「すべてのトレーダーが成功している」という錯覚が生じる。

もうひとつは、インターネット証券を中心に、デイトレーディングや短期トレーディングをそそのかす宣伝活動が組織的に行なわれているためである。

日本のネット証券は仁義なき手数料の引き下げ競争に突入し、もはやふつうに商売をしていては利益を出せなくなってしまった。1回あたりの儲けが少ない以上、薄利多売で稼ぐしかない。デイトレーダーの数が増えつづけることがビジネスの前提になっているのだ。

そこで彼らは、「投資家教育」と称して、無料の投資セミナーを開いては初心者に信用取引の仕組みやテクニカル投資の基本を教えている。

テクニカル投資というのは、簡単にいえば、株価チャートから未来の株価を占う技法である。私は、広い世の中にそうした秘儀が存在する可能性を否定しないが、次のことだけは断言できる。

チャートで儲ける方法が無料の株式セミナーで教えられていたり、近所の書店で売っている株の入門書に書いてあることはぜったいにない。

どんな株の入門書にも出てくるテクニカル投資の代表的な手法に「移動平均線」がある。過去20日間（この日数はいろいろある）の株価を平均し、直近の株価がこの平均線を下から上に突き抜ければゴールデンクロスで「買い」、逆に下回ればデッドクロスで「売り」――と読むのだが、ほんとうにこんなに簡単に儲かるのか不思議に思い、その有効性を検証してみたことがある。

インターネットから過去の株価データを入手し、簡単なプログラムを組んで、「移動平均線戦略」と、ただ株を買って放っておくだけの「買い持ち戦略（バイ・アンド・ホールド）」とをさまざまな銘柄、さまざまな期間で比較したところ（むかしはヒマだったのだ）、ひとつの事実が判明した。すべてのケースにおいて、移動平均線戦略は相場が下落する局面では効果を発揮するが、上昇局面では買い持ち戦略に大きく負けるのだ。

だがじつは、この「真理」を発見するのにわざわざ実験などする必要はなかった。移動平均線戦略では、デッドクロス（売りサイン）でいったん株式を売却したあと、次にゴールデンクロス（買いサイン）が現われるのを待つことになる。ということは、株を持たない期間に株価が値下がりすれば損しなくてもすむけれど、逆に株価が上昇すれば儲けそこなう。ただそれだけのことなのだ。

アメリカにはもの好きな経済学者がいて、数値化可能なテクニカル投資の手法を過去の株価データに当てはめ、そのパフォーマンスを計測する試みが頻繁に行なわれている。それによれば、統計的な有意性を持って継続して利益をあげられる技法は存在せず、ほとんどの場合、テクニカル投資の結果はでたらめに株を売買したときと変わらない。

証券会社の主催するセミナーに参加してチャートの読み方を教えてもらうと、どれもこれもズバリ当たっていて、なんだか自分でも儲けられそうな気がしてくる。でもこれは、クイズの解答を見てから問題に答えるのと同じだ。講師は都合のいいチャートを探してきて、それにもっともらしい説明を加えているだけだ。

確実に儲かる方法をすべての投資家が知っていたならば、論理的に、その方法ではだれも儲けられない。なぜなら、損をする投資家がどこにもいなくなってしまうから。株価が日々変動しているという事実は、だれも未来を予知できないという当たり前のことを逆説的に証明しているのである。

アノマリーを探せ

リチャード・デニスはアメリカの伝説的なトレーダーで、１９７０年にわずか４００ドルの資金でトレードをはじめ、そこから2億ドル（約２４０億円）を超える資産を築いた。彼を有名にしたのは、その成功よりも質素で倹約的な生活スタイルで、その莫大な資産は寄付と政治献金（それも民主党）に惜しげもなく使われた。

ラリー・ウィリアムズは、日本でもよく知られているカリスマトレーダーの１人だ。彼は「15年間無敗」という前人未到の記録をもち、公開のトレーディングコンテストに参加して1年で1万ドルを１００万ドル以上にしてみせたことから「１００倍の男」とも呼ばれる。

マーティ・シュワルツは全米トレード選手権で毎年高い成績をあげ、「チャンピオン・トレーダー」の称号を得た。参加した10回のうち9回の大会において、彼の儲けた金額は、他のすべての参加者の利益の総額よりも多かったのだ。

株式市場においてすべてのプレイヤーが経済合理的に行動するならば、株式投資はコイン投げと同じような偶然のゲームとなり、だれも他のプレイヤーより有利な場所に立つことはできない。ここまでは経済学者のいうとおりだ。

しかし、人間はつねに合理的な行動をとるわけではない。常勝トレーダーの存在は、自らすすんで損をしたり、心理的な錯覚によって間違った行動をとるプレイヤーが市場に一定数いることを示している。

効率的であるはずの市場で、特定のプレイヤーに明らかに有利な状況が生まれることをアノマリー（異常現象）という。勝ちつづけるトレーダーは、将来の株価を占う魔法を使っているのではなくて、統計的に有意な確率で勝てる機会を見つける術を知っているのである。

経済学においてこうしたアノマリーを研究するのが行動ファイナンス理論（行動経済学）で、２００２年のノーベル経済学賞が創始者のダニエル・カーネマンに与えられたことで一躍有名になった。

たとえば過去50年間のアメリカ市場のデータを調べると、年末から1月にかけて株価が上昇する顕著な傾向が見られる。ボーナス時期に年金ファンドに大量の資金が流れ込むこと、含み損のある株を節税のために売却した投資家が、年が明けてから買い戻すためだといわれている。

1ヶ月の株価を見ると、月はじめと半ばの上昇率が高い。アメリカでは給料を2週間にいちど支払う会社が多く、年金ファンドへの積立資金が株価を押し上げている可能性がある。

1週間のデータでは、1980年代までは明らかに、株価は週末に上昇し、月曜に大きく下落していた。それが90年代になると、理由はよくわからないものの、月曜日の株価上昇率がもっとも高くなった。1日の動きでは、午前の寄付きと、午後の終了間際に株価が上昇する確率が明らかに高い。

このように行動ファイナンス理論では、人間の心理や制度上の理由(税制や給料日など)で株式市場は微妙に偏向していると考える。そうした機会を有効に利用できるならば、長期にわたって5割以上の勝率を維持することもけっして不可能ではない。

伝説的なトレーダーたちは、マーケットに隠された歪みを日々のトレードのなかで発見していったのである。

株式市場のスター・ウォーズ

アメリカの株式市場にデイトレーダーが登場したとき、彼らは自分たちを『スター・ウォーズ』にたとえるのを好んだ。大手証券会社や機関投資家が牛耳るウォール街がダース・ベイダーの「悪の帝国」で、高速通信回線と最新のトレーディングシステムで武装した個人トレーダーの連合軍がその〝独裁政治〟にたたかいを挑むのだ。

当時のルーク・スカイウォーカーやハン・ソロたちの最大の敵はゴールドマン、ソロモン、モルガンなどの巨大投資銀行のトレーディング部門で、いちばんの獲物は投資信託や年金基金などの鈍重な機関投資家だった。いまでもあの頃の熱気をなつかしむひとがたくさんいるのは、彼らがたんなるトレーダーではなく〝ヒーロー〟であり得た稀有な時代だったからだ。もっともすぐにトレーダーの数が増えすぎて、互いが互いをだまし合う味気ない世界になってしまったのだけれど。

そのころのデイトレーダーがどんなゲームをやっていたのか、日本の例を紹介してみよう。

機関投資家の資金を運用するファンドのなかには、「株価100円未満の銘柄は保有しない」と決めているところがある。顧客に説明できないようなボロ株をいつまでも抱えていないためのルールなのだが、ITバブル崩壊後の下落相場では、銀行や建設・不動産株の多くが100円台まで売り込まれてしまった。

　ということは、こういう株を一斉に空売りして株価を二桁に落としてしまえば、翌日にはファンドや機関投資家は、ルールにのっとって持ち株のすべてを売却するしかない。それによってものすごく損したとしても、彼らはしょせんサラリーマンで、預かっているのは他人の資産だからどうだっていいのである（だって損するようなルールをつくったのはオレじゃないもん）。

　いまだからいえるけど、このゲームはものすごく面白い。翌日には株価が1、0、0、%確実、に暴落するのだから、下がりきったところで買いに転じれば、往復で2度儲かる。株価が安いからサラリーマンの小遣い程度で遊べるし、いったん狙われた銘柄が値を戻すことはほぼ不可能で（売れば儲かるとみんなが知っているのだ）損をするリスクはほとんどない。100万円が1日で200万円になった、なんて話が当時はごろごろしていたのだ。

　でも、みんなが夢中になった理由は別にある。インターネットで情報交換しながらちからを合わせて獲物を追い詰め、終値で100円を切ったときのあの興奮！　株式市場がヴァーチャルな戦場になり、奇襲攻撃で敵の空母や戦艦をつぎつぎと撃沈していくのだ。

もうおわかりのように、これは一種のオンラインゲームである。裏技を知っていれば面白いように儲かるし、それ以上に痛快で興奮できてスカッとする。弄《もてあそ》ばれる会社の経営者はたまったものじゃないだろうけど、もとはといえば株価が下がったのは自業自得だし、金融機関は経営破綻したって税金で救済してもらえるのだ。

企業年金を運用するファンドが大損すれば、引退後の年金が受け取れなくなる？　そんなのずっと先の話だから関係ない。だいいち、手の内をさらしてギャンブルするほうがバカなんだよ。そんな奴はいなくなったほうが世の中のためだ——いまわかったけど、これってホリエモンの論理とまったく同じだ！

でも残念なことに、どんなアノマリーも、巷間に流布されたとたん魔力を失ってしまう。「戦艦撃沈ゲーム」も、株価100円割れ目前で一気に買い上がる証券会社系のトレーダーが登場したことで参加者はパニックに陥った。皮肉なことに、こんどは個人トレーダーが手の内を読まれて餌食にされるようになったのである。

それでもデイトレーダーになりますか？

多くのひとが誤解しているが、トレードはたんなる金儲けの道具ではない。株式や先物のデイトレーディングは人類が生み出した最高のギャンブルであり、それは脳の快楽中枢を強烈に刺激し、ときに薬物をも凌ぐ重度の依存症を生む。

ネット投資家の群れはさらなる刺激を求めてヴァーチャルな株式市場を漂流し、彼らの行くところではいろんな悲劇や喜劇が引き起こされる。そのためか、デイトレーダーは世間の大人たちからいたって評判が悪い。「株にうつつをぬかす若者ばかりになったら日本の将来はどうなる!?」とか、「このままでは株式市場がカジノになってしまう!」とか。お怒りはもっともだけど、そんなに血圧を上げるほどのことじゃない、と思う。

理由を知りたければ、自分でデイトレードしてみるのがいちばんてっとり早い。

トレーディングに魂を奪われると、日本市場の開いている平日の午前9時から午後3時まで家から一歩も出られなくなってしまう。ポジションを持っていようがいまいが強迫観念のように株価がつきまとって、リアルタイムのチャートから目が離せない。こうなると、正常な社会生活はまず不可能である。

会社勤めをしている場合は、さらに悲惨なことになる。四六時中、どこにいようと携帯で株価を確認せずにはいられない。大事な商談の最中でも、「株が暴落して今ごろ破産してるんじゃないか」という妄想が頭の隅から離れない。会議やアポイントを昼食時や午後

3時以降に入れるようになったらかなりの重症である。もしこんなことが上司に知れたら、よくて左遷、へたすればクビである。

では、これだけのリスクを背負っていったいどれほどの利益を得られるのだろうか。もちろんなかには毎年、資産を2倍、3倍と増やしていくトレーダーもいなくはない。1年で資産が10倍になることだってあるだろう。だが世界じゅうのプロが集まるアメリカ市場にだって、そんな天才はひとにぎりしかいない（日本では投資家の運用成績が自己申告で、なかにはかなりあやしいものもある。アメリカには公開のトレーディングコンテストがあるし、投資家から資金を集めて自らのファンドを立ち上げるのが成功の方程式になっているから、トレーダーの成績は徹底的に調べられる）。

努力の甲斐あって、デイトレーダーとしてコンスタントに年率20％の利益をあげられるようになったとしよう。これはプロから見てもトップ10％に入るくらいの素晴らしい成績である。

あなたの運用資産が1000万円だとすると、20％の利益は200万円になる。1000万円というのは個人投資家の資金としてはけっして少なくはないと思うが、それでも毎日朝9時から午後3時までモニタに張りついて年収200万円。時給換算すればマクドナルドのアルバイトとほとんど変わらない。

この世界一人件費の高い日本（当時はまだ「安いニッポン」ではなかった）で、プロのトレーダーをも出し抜く技術（そうじゃなければ知能でも勘でも超能力でもなんでもいい）を持っていながら、なぜそこらのプータローよりビンボーな暮らしをしなければならないのだろうか。金融機関に就職すれば、あっというまに年収2000万円や3000万円はもらえるかもしれないのに。

デイトレードにはまるのがニートの若者や主婦、リタイアしたサラリーマンだということにはちゃんと理由がある。彼らははたらく機会を奪われているか、そもそも就職する気がない。したがって、デイトレードがどれだけ流行っても、はたらくひとの数は変わらない。

バックパッカーがデイトレーダーになるのも同じことだ。社会からドロップアウトし、第三世界を放浪するような若者は、これまでポン引きやドラッグの売人になるくらいしか収入を得る道がなかった。しかしトレードの才能があれば、そんなことをしなくても毎日楽しく暮らしていける。これはもちろん素晴らしいことだけど、だからといってふつうのひとはこんなことはしない。だって、バカバカしいから。

バリ島で出会った若者から、私はこのことを教えられた。すなわち、デイトレードはライフスタイルなのだ。

第1章から第3章のまとめ

ここまで、ジェイコム男氏、ホリエモン、デイトレーダーを主人公に、株式市場ではいろんな不思議なことが起きていて、ときに現実離れしているように見えるけれど、すべては常識で理解可能だということを説明してきた。いきなり先物取引とか信用取引とかの話が出てきてびっくりしたかもしれないけど、でもそれにはちゃんと理由《わけ》がある。

インターネットの株式掲示板を見て、「S高でベンツ1台ゲット!」などと書いてあると、そこに自分の知らない神秘の世界があると勘違いして、そのまま投機の世界にのめり込んでしまうひとがあとを絶たない。とりわけ、これまでギャンブルに縁のなかったうぶで真面目なひとがいちばんあぶない。

このあたりの心理は、カルト宗教にはまって共同生活をはじめたり、合同結婚式に旅立ってしまう若者にも共通している。彼らはべつに特別なひとたちではなくて、みんな子どもの頃から、「宗教はこわい」とか、「ヘンなひととはつきあっちゃいけない」とか、大人のいうことを素直に信じてきたよい子たちだ。それがどこかで「世の中ってなんかおかしい」と思いはじめ、なにかの偶然でカルトなひとに出会うと、みんな純真でやさしそうで、自分の知らないことをいろいろ教えてくれて、「なんだ、これまでの話はぜんぶウソだったんだ！」とか、「ぼくが求めていたのはこれだったんだ！」とか、いきなり向こう岸にワープしてしまう。カルト教団を悪だと決めつける大人たち（マスコミとかジャーナリストとか）が、カルトにはまる若者たちを生み出しているという皮肉な構図がここにはある。

株式投資も同じで、ギャンブル依存症で家庭崩壊を引き起こすのは、専門書を読みあさって真剣に研究するタイプが多い。あとは、会社役員とか大企業の管理職とか、サラリーマンとして成功してやたら自信を持っているひと。自分の負けを認められず、勝つまでやめられなくなるのだ。そしておうおうにして、泥沼にはまっていく。それに比べて、競馬やパチンコで適当に遊んでいたひとのほうがずっといい成績を残したりする。

ちなみに、「ストップ高（S高）」「ストップ安（S安）」は株価の乱高下を防ぐための証券取引所の規制で、その水準は株価によって異なるが、前日終値3000円以上5000円未満なら700円、などと決まっている。この場合、ベンツの値段を1000万円とするならば、1回のストップ高で「ゲット」するには最低でも5000万円相当の資金が必要になる。そう考えれば、この手の投稿のほとんどはウソ（他の投資家に買わせるための「煽り」）とわかるだろう。もし事実だとしても、多額の資金を値動きの激しいひとつの株に投資するリスクを考えれば、それでベンツが買えたとしてもぜんぜんうらやましくない。
株式市場にはさまざまな隠語があふれていて、それが独特の秘教的雰囲気を生み出している。でも、しょせん売りと買いしかない単純なゲームなのだから、基本を知っていれば戸惑うことはない。空中浮遊できるとか、だれでも株で1億円儲かるとか、そんな話にだまされないためにも、信用取引や先物取引を含め、現実の市場でどんなことが起きているのかを知っておくのは大事なのである。

ここまで紹介してきたのは、株式市場のなかでもいちばん華やかなトレーディングの世界だ。プレイヤーたちは、「みんなが美人だと思う美人に投票するゲーム」に勝ち抜こうと死力を尽くす。相手を出し抜くためには手段を選ばず、ときには暴走して塀のなかに落ちたりもする。なぜこんな弱肉強食のジャングルになるのかというと、トレーディングはゼロサムゲームで、相手を蹴落とさなければ自分が無一文になるだけだからだ。

でも、これは株式投資の王道ではない。資産運用に成功するのに、あなたはべつにギャンブラーになる必要はないのだ。そのことをこれから説明しようと思う。

第4章　株式投資はどういうゲームか?

株っていったいなんだろう

そもそも投資ってなに？

株式投資とは、株券を売買する取引である。だが困ったことに、株券には値段が書いてない。ではだれがどうやって、株の値段を決めているのだろうか。

株ってなに？　なんで紙切れに価値があるの？　こういう素朴な疑問にこたえられないひとはけっこう多い。

「そんなの知ってるよ」というあなたには、こんな質問はどうだろう。

そもそも投資ってなに？

新聞や雑誌で、「あなたのお金をはたらかせよう」という宣伝文句をよく目にする。資産運用に成功すれば、はたらかずにお金がどんどん転がりこんでくる――そんな願望をくすぐる卓抜なコピーだ。

不動産にせよ株式にせよ、「投資とは不労所得を得ること」と、一般には理解されている。とはいえ、お金があなたの代わりに毎日、通勤電車に揺られて仕事に出かけてくれるわけではない。では、いったいだれがはたらくのだろう？

「わかりきったことだよ。投資先の会社の社長や社員が株主のためにはたらくんだ」と、あなたはこたえるかもしれない。教科書的にはそのとおりである。でも、「株主のためにはたらいている」ひとなんていったいどこにいるの？

私たちが生きている自由な社会では、何人《なんぴと》たりとも奴隷労働を強制されることはない。どんなひとにも、自分や家族の幸福のためにはたらく権利が認められている。それなのに、「私は株主様のために日夜はたらいています」なんていうサラリーマンがいたらちょっと気持ち悪い。

上場企業の経営者が株主の利益に配慮するのは当然である。株価が上がれば、株主ばかりでなく、経営者や従業員もみんなハッピーになるのだから。でもこれは調子よくいっているときの話で、どれほど株主重視を唱えても、最後はみんな自分のことしか考えない。他人のためにはたらくお人よしなんて、ビジネスの世界にはいないのだ。

ではなぜ投資家は不労所得を得ているようにみえるのだろうか。どこかに鉄くずを黄金に変える錬金術があるのだろうか？

シェイクスピアは『ベニスの商人』で、私たちのこころの底に潜んでいる金貸しや投資家への偏見を描いた。「なにもしないのに儲かるなんて許せない！」とみんな思っている。自分はこんなにはたらいてるのに。

しかし、彼らだってちゃんと仕事をしているのだ。それはなにか、って？

投資家の仕事は、損をすることである。

これが、株式投資を理解するための第一歩になる。

株式会社の誕生

タイムマシンに乗って、大航海時代のオランダに行ってみよう。

あるとき1人の商人が、船を建造して新大陸から金を、アジアから香辛料などの交易品を持ち帰れば大儲けできると気づいた。このとき、もし航海になんの不安もないとしたら、商人は私財のすべてを船の建造費に投じるだろう。資金が不足したら、親や親戚、妻の両親など、親しいひとから借りまくればいい。それで足りないとしても、船長や乗組員が競うようにお金を差し出すにちがいない。だって、ぜったいに儲かるんだから。

このように、必ず利益を得られる取引に第三者が加わる余地はない。もうちょっとわかりやすくいうと、**おいしい話はあなたのところまで回ってこない。**

ここは大事なポイントなので、ちゃんと押さえておいてもらいたい。世の中には「ぜったい儲かりますよ」という話に簡単にお金を出すお人よしがたくさんいるけど、これはその瞬間に詐欺だと見破れる。だって、もしほんとうなら自分で儲ければいいじゃん。

ところがある日、その商人があなたのところに、「ひと口乗りませんか」とやってきた。なぜかというと、この儲け話にはリスクがあるからだ。嵐で船が沈んだり、海賊に襲われたりしたら、投資したお金はまる損である。そこで商人は、自分とは関係のない第三者（すなわちあなた）に損の一部を押しつけようと考えた。「無事に船が戻ってきたら出資額に応じて利益を分配します」というのがその条件だ。

そのときたまたま、あなたはちょっとした小金を持っていた。そのあぶく銭を投資してもいいかなと思ったのだが、ここでふと疑問が浮かんだ。「船が沈んだらいったいいくら損するの？」

もしも利益と同様に損も出資者で分配するのなら、最悪の事態が起きたら破産してしまうかもしれない。「そんなんじゃこわくてとてもつき合えないよ」とあなたはいうだろう。

そこで商人は、次のような譲歩をした。

「だったら、なにがあっても損は出資金まで、ということでどうですか？」

これが、株式会社の起源である。

株式というのは、会社（船）の所有権をバラ売りしたものである。だがこの権利には、大きな特典がついている。会社がつぶれても、船が嵐で難破しても、どのような不測の事態が起きたとしても株主は出資額以上のお金を弁済する必要はないのだ。

この「有限責任」の約束があるから、みんな安心して株を買える。なにしろ、損は限られているが利益は（理屈のうえでは）無限大、というおいしい話なのだ。

こうして、アイデアと野心しかない無一文の若者でも、事業のための資金を集め、市場という大海原に乗り出していくことが可能になった。たとえ失敗しても、損は株主が背負ってくれる。**株式市場とは、損を薄く広く分散させるためのシステムなのだ。**

ところで、ここには資本主義のもうひとつの秘密が隠されている。

たとえばあなたが、1隻の船に全財産を投じるのではなく、資産を10等分してぜんぶで10隻の船に出資したとする。このような分散投資が可能になるのは、船の所有権が小口でバラ売りされているからだ。

「これなら1隻や2隻、嵐で沈んだってなんとかなるだろう」と、あなたはほっとひと息つく。それから、こんなひとり言をつぶやいたりしないだろうか。

「損したって知れてるんだから、どうせならドカーンと一発当ててもらいたいもんだ」

船主がそのつもりなら、船長や乗組員も大賛成だ。

「どうせ生命をかけてるんだ。ちょっとくらいあぶない橋をわたっても、国に帰れば一生安楽に暮らせるくらいの大儲けを狙おうぜ」

株式会社というと「有限責任」が強調されるけど、いちばんのポイントは、**損を限定することでみんなを冒険的にする**ことなのだ。こうして大航海時代の船乗りたちは、七つの海をまたにかけ、だれも見たことのない「新大陸」を目指した。

この冒険を、経済学では「イノベーション」という。株式会社＝資本主義は、ひとびとをイノベーションに駆り立てる仕組みだからこそ、わずか四百年のあいだに科学技術を急速に発展させ、人類の経済規模を爆発的に拡大させたのだ。

民主主義と資本主義

会社の所有権は、株主総会での議決権と、利益分配権・資産処分権を合体させたものとされている。

このうち、利益分配権・資産処分権はわかりやすい。仮にある会社の株を１％持っていたとして、税金を支払ったあとの利益が1億円なら、その1％＝100万円があなたの取り分になる。あるいは会社を解散することになって、払うべきものをすべて払ったあとに残った資産が1億円なら、やはりその1％＝100万円があなたのものだ。どちらもいたって明朗会計である。

それに対して、議決権の価値はちょっとわかりにくい。

株主総会は会社の最高議決機関だから、日本国の国会のようなものである。多数決によって株主の総意が明らかになれば、社長や役員を選任するのも、会社を合併させたりつぶしたりするのも自由自在だ。法律上、会社は株主の所有物なのだから当たり前である。

ただし、民主主義と資本主義のルールにはちょっとしたちがいがある。民主主義では1人1票だが、資本主義は1株1票なのだ。

マイクロソフトの創業者で、長年世界一の大富豪だったビル・ゲイツ（資産約20兆円）と、ニューヨークのグランドセントラル駅をねぐらにするホームレスは、政治的には平等の権利を持つ。しかし、このホームレスがたまたまマイクロソフトの株を1株（2006年当時はだいたい6万円くらい）持っていたとしても、ビル・ゲイツと比べれば、株主としての権利にはゴジラと微生物くらいのちがいがある——同じ人間なのにもかかわらず。

民主主義は、資産の多寡にかかわらず人間は平等である、という建前で成立している。一方資本主義は、たくさん株を持っている奴がいちばんえらい、というルールで動いている。

「市場と国家の対立」ということがよくいわれるけど、これはどっちが正しいという話ではない。

資本主義とは、だれがもっとも効率的にお金を稼いだかを競うゲームである。だから、ここに別の規則の体系を持ち込むと話がこんがらがってしまう。「１株株主だって平等な人間なんだから、株主総会でビル・ゲイツと同じ権利を持つべきだ」とか。これでは文句ばかり多くて、マトモな経営は不可能だ。

企業に「社会貢献」を求めるのも同じことだ。株式会社とは金儲けを唯一の目的としてつくられた組織で、その社会的責任はできるだけ多くの利益をあげ、決められた税金を納めること以外にない。そのほかのことは、ボランティア団体とかNGOとかがやればいいのである。

それに対して民主主義は、ひとびとの生活すべてにかかわるルールを決めるから、人種や宗教、資産の有無で個人の価値を計ることは許されない。だから、ビル・ゲイツはホームレスよりもずっと大きなちからを持っているけど、人間として彼らは対等だし、それで正しいのである。

買収ファンドの魔法

株主総会の意思決定は1株1票の多数決で行なわれる。じつはこの単純なルールが、株式の価値に大きな影響を与える。

議決権としての株式を考えると、1株の値打ちは、株式をほんのちょっとしか持っていない（一般株主）か、株式を独り占めしている（オーナー株主）ときはたいしたことなくて、持ち株数が総発行株数の50％に近づくにつれて高くなっていく。これは一見、とても奇妙なことだ。だって、ぜんぶ同じ株券なんだから。

具体的な例で説明しよう。

たとえばある会社の発行株式数が100株として、反社長派がその会社の株を1株持っているとする。株主総会での反社長派の割合（これを「シェア」という）は全体の1％で、もう2株購入したとしてもシェアが3％になるだけだからおおきなちがいはない（帳簿の閲覧請求くらいはできる）。

残りのすべての株＝99株は、その会社のオーナー社長が持っている。ここでケチな社長が自社株をボーナス代わりに使うことを思いつき、グータラ社員５人に計５株を配ったとする。しかしこれでも、社長の議決権は99％から94％に減っただけだから、経営にはなんの支障もない。商法の決まりでは、全体の３分の２＝66・７％以上を保有する株主はオールマイティなのだ。ボーナスが株券に化けたグータラ社員たちは、「こんな紙切れ、ケツを拭くのにも使えない」と不満たらたらである。

ところがある日、浮気に怒った社長の奥さんが株を売却し、その結果、反社長派の持ち株が46株に、社長とグータラ社員を含むその取り巻きの持ち株が54株になった。この瞬間、すべての状況は劇的に変わる。グータラ社員の５株は、突然、ものすごい価値を持つようになるのだ。

もしその株が反社長派の手に渡れば、オーナー社長のシェアは49％に下がって、次の株主総会で取締役の座を解任されてしまう。なにもかも失うくらいなら、株を取り戻すために全財産を投じてもいい、くらいに思いつめるかもしれない。一方、反社長派としても、その５株が手に入れば形勢は逆転するのだから、社長に負けず劣らず好条件を提示してくるだろう。

社長派と反社長派の抗争でシェアが拮抗したために、グータラ社員たちはいつのまにかキャスティングボートを握るようになった。彼らが反対すれば、どんな議題も通すことができない。逆に彼らが賛成すれば、どんな提案も成立する。ということは、全体の5％の株で、会社全体を実質的に支配することに成功したのである。

最近よく話題になる買収ファンドは、この仕組みをとても上手に利用している。株式のシェアを1％から2％にするときと、19％から20％にするときでは、同じ株でもその価値に雲泥の差が生じる。潤沢な資金がありさえすれば、特定の会社の株を買い集めることで議決権という付加価値を手にすることができるからだ。株主構成が不安定な会社が敵対的買収者に20％の株を持たれたら、意思決定がほとんど機能しなくなってしまうだろう。ライブドアによるニッポン放送株買占めの際、フジテレビがほとんど抵抗らしい抵抗ができなかったことからもそのことがわかる。

でも、ここにちょっとした問題がある。だれかが株を買い占めていることがわかると、そのぶんだけ株価が上がってしまうのである（それだけ高い値段をつけるひとがいるのだから当たり前だ）。それを避けるには、人知れず株を買い集めるしかない。ライブドアが使った時間外取引がその典型だが、それ以外でも、海外で設立した複数のファンドで株を買い占めるなど、違法すれすれの行為がいまも行なわれている。

買収ファンドは、企業統治（コーポレート・ガバナンス）の不安定な会社を狙って密かに株を買い集め、一気にキャスティングボートを握ろうとする。彼らがボロ儲けできるのは、市場の歪みを利用して、本来であれば高い価値のある議決権を安く手に入れる方法を知っているからだ。

ここにもまたひとつ、株式市場の「魔法」が隠されている。

株価はどうやって決まるの？

究極のこたえ

株価はどのように決まるのだろうか？

じつはこの問いには、ただひとつの正解がある。株式投資についてどのような理論を信奉しているひとも、この一点では意見が一致しているという究極のこたえだ。最初に、その正解を披露しよう。

株式の価値は、その会社が将来にわたって生み出すすべての利益を現在価値に換算したものである。

これは、ものすごい定義である。あの複雑きわまりない株の世界を、たった一行で説明してしまったのだから。とはいえ、いったいどこがすごいのだろうか。

あなたがある会社の株を100％持っていたとすると、その会社の儲けは未来永劫あなたのものだ。だって、あなたの所有物なのだから。

（1）株式とは企業の所有権である。

（2）企業は、存続するかぎり利益を生みつづける（赤字の年もある）。

（3）したがって、株式の価値は、将来にわたって企業が生み出す利益の総額のことである。

ここまではとてもわかりやすい。とすると、ポイントは「現在価値」ということになる。

いま目の前にある100万円と、遠い将来の100万円では価値がちがう。このことは、だれでも直感的に理解できるだろう。100年先に大金をもらう約束をしたとしても、その頃には死んでいるのだから、1億円だろうが10億円だろうがなんの意味もない。このように、**お金の価値は未来になるほど小さくなっていく。**

このことから、株式の価値を計算するのに、現在の利益と将来の利益を単純に足し算しただけではうまくいかないことがわかる。正確な価値を知るためには、現在のお金は大きく、将来のお金は小さく、調整してやらなければならない。この比率を「割引率」という。

もういちど株価の法則を見てほしい。それは、次のふたつの定義を合成したものだった。

(1) 株式の価値は、企業が将来にわたって生み出す利益の総額である。

(2) その利益は、一定の割引率によって現在価値に換算されなくてはならない。

ということは、株式の価値を知るために必要な情報は、たったふたつしかない。**将来の利益と、割引率**である。

これがわかると、「ファイナンス論」の半分は理解できたことになる。

債券は金利を予想するゲーム

株式と並ぶ代表的な金融商品に債券がある。「1年後に10%の利息をつけてお返ししますから100万円お借りします」というような契約を記した証書のことで、個人（住宅ローンや消費者金融）から会社（社債）、地方自治体（地方債）、特殊法人（政府機関債）、日本国（国債）まで、さまざまな借金に利用される。「金融商品」というとなにやら高尚そうに聞こえるが、つきつめれば株と債券のふたつしかない。

バランスシート（貸借対照表）は企業の財務内容を「資産」と「資金調達（ファイナンス）」で図示するすぐれた方法である。資金調達とはようするに金集めのことなのだが、それはさらに「負債」と「資本」に分けられる。会社というのは、負債と資本で事業に必要な資金を調達し、それを資産という箱に投入して利益を吐き出すオモチャみたいなものだ。このとき負債でファイナンスするのが債券、資本を使うと株式になる。

銀行預金や郵便貯金は金融機関が個人から借金しているわけだから、これも債券の一種である。最近はストックオプション（自社株を買う権利を従業員に付与する制度）を利用する会社が増えてきたが、こちらは人件費の一部を株式で支払う手段だ。このようにほとんどの金融商品は株式か債券（あるいはそこからの派生物）に分類できる。唯一、ちょっとちがうのが保険商品で、これは保険会社が胴元となって、不幸な偶然（病気やケガ）に遭遇すると賞金が支払われる宝くじを販売しているのだ。

さてあなたが、元金10万円で、10年間にわたって毎年1万円の配当が支払われる債券を持っているとしよう。元金は10年目に返済されるとして、この債券の価値はいくらになるか——これが問題である。

10年間に受け取る配当の総額は10万円（配当１万円×10年）だから、これに元金10万円を加えた合計20万円が債券の価値だろうか。もう、こんなトリックにはひっかからないだろう。あなたは、１年目に受け取る１万円と、10年目に受け取る１万円では価値がちがうことを知っているからだ。これを「将来価値を現在価値に割り引く」というが、その方法はぜんぜん難しくない。先に述べた複利の逆をやればいいだけだ。

１万円を年利10％の複利で運用すると、10年後には約２万６０００円になる。そこでこの計算を逆にして、10年目に１万円になるためには、いまいくら必要かを考える。煩瑣になるので計算式は示さないけど、３８５５円を年利10％で預ければ10年で１万円になる。したがって、年利10％でお金を運用してくれる定期預金があるときには、10年後の１万円の現在価値は４０００円弱になる。

このように、現在価値は金利（割引率）によって変動する。たとえば年利１％であれば、10年後の１万円の現在価値は９０５３円だ。年利０・００１％なら９９９９円預けてやっと10年で１万円になる。

ここから、次のことがわかる。

現在価値は、割引率が高いほど安くなり、割引率が低いほど高くなる。

これがあらゆる金融商品の価値を決める最重要ポイントなので、ちゃんと頭に叩き込んでおいてほしい。

ところで、あなたの持っている債券は、10年間にわたって毎年1万円の配当が支払われることになっていた。ということは、残りの9年間についてもそれぞれの年の配当を現在価値に割り引いてやらなければならない。ここでも面倒な計算式は省くが、割引率を10％とすれば、1年目は9091円、2年目は8264円……と順に現在価値を計算できる。

そして最後に、1年目から10年目までのすべての配当（1万円）の現在価値を足してみると6万1446円になる。これに、10年後に償還される元金10万円の現在価値3万854円を加えた計10万円が、年利10％で割り引いたときのこの債券の適正価格だ。

このようにすべての債券は、割引率が決まれば自動的に価格が決まる。すなわち債券投資とは、金利（割引率）を予想するゲームなのだ。

＊債券価格は発行元の信用力によっても大きな影響を受ける。この信用力を調査し、ランキングするのが格付会社で、たとえばＡＡＡ格からＢＢＢ格までが「投資適格」、ＢＢ格以下は「投資

不適格」などと決められている。信用力は、債券市場では利回りに反映される。国債の利回りが1％で、ある会社が発行した債券の利回りが3％とすると、国債との信用力の差2％（3％－1％）がリスク分として上乗せされていることになる。

株式投資は将来の利益を予想するゲーム

株式が議決権と利益分配権（＋資産処分権）を合体させたものであることは先に述べた。

このうち株式の議決権は、それがとても重要なものだとしても、企業の意思決定に影響を及ぼすほどのシェアを持つことのない一般の投資家（つまり私たち）にはほとんど関係ない。そこで、**株式投資とは利益分配権を売買すること**、ととりあえずは定義できる。

では、会社の「利益」ってなんだろう。じつはこれにも厳密な決まりごとがある。利益とは、会社が稼いだ収入（売上）から、支払わなきゃいけないすべての経費を差し引いて、それでも残ったお金のことだ。この経費には、仕入の代金や社員の人件費、融資の返済や税金などが含まれる。その会社の債券を買った投資家がいたとすれば、当然、利息の支払いは株主より優先される。

法律上、会社は株主の所有物だけど、じつはそのちからはあんまり強くない。「給料なんか払わなくてもいいから、先に俺に金をよこせ」とか、「税金なんかすっとぼけとけ」とか、そういう自分勝手なことはいえないことになっている。

会社の利益は経営努力だけでなく、そのときどきの景気やヒット商品、ライバルの動向などさまざまな要因で変動する。すべての経費を支払ったら利益が残らない年（すなわち赤字）もあれば、大儲けすることもあるだろう。このように、配当がいくらになるかは決算してみるまでわからない。**株主は残り物しかもらえない**のだ。

1株10万円で100株の株式を発行している会社が、1年で100万円の利益をあげたとする。1株あたりの利益は1万円（100万円／100株）、投資金額（株価）に対する利回り（益回り）は10％（1万円／10万円）だ。――この話って、どこかで聞いたことがないだろうか。そう、さっき登場した、1年で10％の利息がつく債券とよく似ている。

じつはこれは当たり前で、利益分配権のみに着目すれば、株式は償還期限がなく、配当額が変動する一種の債券と考えられる。では、未来永劫配当のつづく債券（永久債）があったとすると、その価格はどのように決まるのだろうか？

これは一見、複雑そうだが、じつはまったく逆で、永久債≒株式の価格は配当と割引率が決まれば一瞬で計算できる。すなわち、

株式の理論価格＝1株利益／割引率

1株利益が1万円、割引率が10％なら、株式の理論価格は10万円になる（1万円／10％）。なぜかというと等比級数の和の公式を使うのだが、ここではその理屈を覚える必要はない。株価は、1株利益と割引率のたったふたつの要素で決まる。この美しいまでの単純さに素直に驚いてほしい。

ここまでの話をまとめてみよう。

（1）1株利益が大きくなれば株価は高くなり、少なくなれば株価は安くなる。
（2）割引率が小さければ株価は高くなり、大きくなれば株価は安くなる。

ところで、一般に株式投資においては、割引率よりも1株利益の変動が株価に大きな影響を与える。債券投資は金利を予想するゲームだった。それに対して**株式投資は1株利益を予想するゲーム**なのだ。

これがわかれば、あなたはもう〝金融のプロ〟である。

＊これは「配当還元モデル」と呼ばれるが、現実には、会社は利益を株主に分配することも、そのまま手元に残して新たな事業に投資することもあるので、現在は1株利益EPSを使うのが一般的。

株価をＥＰＳで割ったものがＰＥＲで、「株価収益率」と訳されている。ＥＰＳが10万円、株価が１００万円ならＰＥＲは10倍（１００万円／10万円）で、これは益回り（10％）の逆数だ。株価の割高、割安を判断するときはＰＥＲが使われることが多く、「アメリカ企業の平均的なＰＥＲは15～20倍だが、日本市場の平均ＰＥＲは25倍を超えているから明らかなバブルだ」などという。

こうした用語は株式投資の基本なので、ひととおり押さえておきたい。

第5章　株で富を創造する方法

「神様」の投資術

オマハの賢人

ウォーレン・バフェットはビル・ゲイツに次ぐアメリカで2番目の大富豪（2006年当時）で、世界でもっとも尊敬されている投資家でもある。

ニューヨークの大学で投資理論の先駆者ベンジャミン・グレアムの教えを受けたあと、1956年、25歳で故郷ネブラスカ州オマハに戻ったバフェットは、家族や友人たちから資金を募って小さな投資会社をはじめた。このとき、バフェット自身の出資額は100ドルだった。現在の資産は420億ドル（約5兆円）といわれているから、最初の100ドルを半世紀のあいだに4億2000倍（！）に増やしたことになる。バフェットはこの莫大な資産を、投資のみで築いたのである。

新版註：2024年にはバフェットの資産は1300億ドル（約20兆円）に増えているから、最初の100ドルは13億倍になった。

バフェットの人気の秘密は、知的だけれど朴訥なその人柄にある。彼は青春時代を過ごしたニューヨークから故郷に戻ったあと、二度とオマハを離れようとせず、ウォール街からはるかはなれた田舎町で、〝金融のプロ〟が束になってもかなわない驚異的な投資実績を実現した。〝オマハの賢人〟はまさに、アメリカ人が理想とする、「ちょっと口うるさいけど根は親切な田舎のお金持ちのおじさん」そのものなのだ。

世界じゅうの投資家からバフェットが愛されるもうひとつの理由は、彼の投資法がとてもわかりやすいことだ。バフェットはこれまで自著を執筆していないが、そのかわり投資会社バークシャー・ハサウェイの年次報告書で自らの投資論や市場分析を詳細に述べていて、これを聖典のように熟読するのが株主やファンのしきたりになっている。

バフェットの投資法を簡単にいうと、財務諸表などから企業の本質的な価値（理論価値）を推定し、現在の株価がその理論価値よりもはるかに安ければ大量に保有し、市場が自らの過ちに気づいて株価が上がるのを待つ、というものである。これは一般に長期投資と呼ばれるが、バフェットはそのなかでも個別株への集中投資を身上としており、保有銘柄は多いときでも10社を超えることはなかった（２０２４年は41社に増えた）。

バフェットの最初の大勝負は32歳のときに訪れた。カード会社大手のアメリカン・エキスプレス社が、取引先のスキャンダルによって株価を65ドルから35ドルへと半値ちかくまで暴落させたのだ。バフェットはこのスキャンダルが、カード事業など主要業務に影響を与えないことを確認すると、当時の運用資産の4割、1300万ドルを投じて同社の株式の5%ちかくを取得した。次の2年間で株価は3倍になり、バフェットは2000万ドルの売却益を得たのである。

バフェットはその後、銘柄選別と長期保有を徹底し、自らそれを「フォーカス投資」と名づけた。その数少ない保有銘柄は〝バフェットのポートフォリオ〟として有名で、「永久保有」を宣言したワシントン・ポスト（新聞）、コカ・コーラ（飲料）をはじめ、アメリカン・エキスプレス（カード）、ウォルト・ディズニー（メディア・エンタテインメント）、ジレット（カミソリ）、ウェルズ・ファーゴ（銀行）など、バフェット好みの堅実経営で知られる企業が名を連ねている。

新版註：ワシントン・ポストは2013年にAmazon創業者のジェフ・ベゾスに買収された。2024年の〝バフェットのポートフォリオ〟上位銘柄はアップル、バンク・オブ・アメリカ、アメリカン・エキスプレス、コカ・コーラ、シェブロンなど。

平成の花咲爺

２００３年4月、日経平均が８０００円台を割って世の中が悲観一色になった頃から、証券業界で奇妙な噂が流れはじめた。中小企業を中心に、主要株主欄に頻繁に同じ名前を目にするのだが、だれもその個人投資家が何者なのか知らなかったのだ。そしていつのまにか、「竹田和平」は上場企業１００社以上に大株主として名を連ねるようになった。

「平成の花咲爺」を名乗る竹田和平は、戦後、元菓子職人の父親と愛知県で菓子製造業を始め、「タマゴボーロ」などのヒット商品で成功をおさめた。その事業のかたわら、利益の一部で株式投資を行なっていたが、１９９７年の金融危機で個人筆頭株主だった山一證券が倒産したのをきっかけに、それまでの「大企業だから安全」という銘柄選びを捨て、徹底した割安株投資に方針を変えた。

竹田の投資法も、バフェットと同じでひじょうにシンプルだ。会社四季報を見ながら、ＰＥＲ（株価収益率）やＰＢＲ（株価純資産倍率）などの基本的な指標を参考に、会社の適正な価値に比べて割安に放置されている銘柄を探すだけだという。もちろん証券マンのアドバイスを聞くこともなければ、アナリストのレポートも見ない。

竹田がもっとも重視するのは、財務内容のなかでも株主資本比率と配当性向・配当利回りである。利益のなかから毎年株主にきちんと配当を支払い、そのうえで株主資本（資本金）を積み上げていく〝まっとうな会社〟以外は相手にしないのだ。そして、いったん気に入って保有した銘柄は、経営方針が変わらないかぎり永久に売らない。この究極の長期投資を彼は「旦那道」と呼んでいる。

投資理論においては、利益を配当せずに再投資に回したほうが有利だとされている。企業の配当原資は法人税を納めたあとの税引き後利益であるが、個人が配当を受け取るとさらに配当課税が徴収される。これは明らかな二重課税で、これまでもたびたび問題になってきたが解消する見込みはたっていない。「株の配当を受け取るのは資産家だから、多少税金をとったって問題ないだろう」という国家の都合が優先されているのである。そのためバフェットも、企業に十分な投資機会がある場合は、配当せずに資本金に組み込むことを第一選択肢としている（有利な投資機会がないのに利益を抱え込むことは株主への背信であるとされる）。

竹田和平の投資法は、知的かつ合理的なバフェットに比べるとかなりウェットである。

竹田は、配当とは経営者から株主への感謝の表現であり、最低限の礼節すらわきまえない会社に投資価値はないと考えている（したがって配当を受け取ると、毎回、経営者に自筆の感謝状を送るのだという）。

とはいえ、両者の投資法に共通するところは多い。ふたりとも企業の本質的な価値を見極め、割安な銘柄に投資し、長期保有によって大きな富を生み出したのである。こうした手法を、一般にファンダメンタルズ投資と呼ぶ。

＊『竹田和平の強運学――日本一の投資家が明かす成功への7つの黄金則』（東洋経済新報社）による。

実在論と唯名論

中世スコラ哲学では実在論（イデア論）と唯名論の対立が論じられた。ギリシアの哲学者プラトンの思想を受け継ぎ、あらゆる現象の背後には本質（すなわちイデア）が隠されているとするのが実在論で、そのような本質は存在せず、ただ個物と現象があるだけだとするのが唯名論だ。この対立を株式投資にあてはめると、ファンダメンタルズ派は実在論者、テクニカル派は唯名論者となる。

テクニカル投資の大原則は、「すべての情報はチャートに埋め込まれている」というものだ。その瞬間に成立した価格こそがすべてであり、それ以外に〝本質的な価格〟などあり得ない。それに対してファンダメンタルズ派は、企業には固有の本質的な価値（ファンダメンタルズ）があり、そこから合理的な方法で適正な株価（理論株価）を導き出すことができると考える。実在論と唯名論の対立は西欧哲学の根幹をなす大問題で、それは20世紀末のポストモダン論争まで引き継がれいまだに決着を見ないが、同様に株式投資の世界でも、ファンダメンタルズ派とテクニカル派のいつ果てるともしれない論争がつづいている。

ファンダメンタルズ派の主張するように企業の本質的価値を定義することは可能で、それは「企業が将来にわたって生み出すすべての利益を現在価値に換算したもの」であった。ここには一点の曇りもない。株式会社は金儲けのための道具であり、株式はその所有権をバラ売りしたものなのだから、株式の価値は会社の利益からしか生じない。それ以外の要素が介在する余地がないという意味で、この定義は完璧なのである。

ではなぜ、テクニカル派の唯名論的解釈がいまも大きな支持を得ているのだろう。

それは、将来の利益を予測することと、現在価値を導くための適正な割引率を決めるのがとても難しいからである。いずれも私たちが未来を知る能力を持っていないからなのだが、ここでは将来の利益に限定して話をすすめよう。

企業が生み出す将来の利益の総額がわかれば株式の本質的な価値が判断できる。――ここまではテクニカル派も合意するだろう。しかしそのあと、すぐに次のように反論するはずだ。

「明日のこともわからないのに、どうやって遠い未来のことがわかるの？」

それに対してファンダメンタルズ派はこうこたえるだろう。

「企業の財務諸表（損益計算書や貸借対照表）を分析し、年次報告書（日本では有価証券報告書）を読み込み、競合する企業を調査し、事業内容と成長可能性を把握すれば、おのずからその企業の本質的価値は見えてくる」

実際、ウォーレン・バフェットはこのとおりのことをやっている。証券会社経営者の息子だったバフェットが最初に株を買ったのは11歳のときで、その頃から上場企業の分厚い年次報告書（アニュアルレポート）を読むのが楽しみだったという。そのときはじめた企業調査を、彼は驚くべき勤勉さで、現在まで半世紀以上つづけているのである。

ジョーとロッキーの見つけ方

個別株の長期保有が「投資の王道」とされるのには、じつはとてもわかりやすい理由がある。

バフェット流の投資の真髄は、高い収益力を持ちながらも、市場から見捨てられ割安に放置された銘柄を見つけ出し、それをふたたび輝かせることだ。これって、「少年院で育った孤児の若者が、身を持ち崩した天才トレーナーに見出され、ともにボクシングの世界チャンピオンを目指す」という、あのよく知られた物語にどこか似ていないだろうか。

「よい株を長く持ちましょう」という投資法はいつの時代も根強い人気があるが、その背景には、私たちのこころの琴線にふれるテーマが隠れている。

バフェットやその賛同者が株式の長期保有を勧めるいちばんの理由は、まっとうな会社の株価は長期で見れば必ず上がると知っているからだ。人生と同じで、会社の成長にもいろいろ波風があるだろうが、正しいものが最後には勝つのである。株式投資とは、株主や消費者の期待にこたえる会社、尊敬できる経営者とともに、自分自身が成長していく過程である。人間として、そして資産家として——。

この美しい物語は、理論的にもその根拠を持っている。企業の利益と株価の関係を長期にわたって調べると、投資家の期待によってときに株価は乱高下するものの、最終的には利益に収斂していくことが明らかになっている。

ではどうやって、不遇をかこっているジョーやロッキーを発掘することができるのか？バフェットのような才能と勤勉さと幸運がなければ、そんなことは不可能ではないのか？

この問いに対しては、バフェット自身が、「安心したまえ。私と同じことは、君にだってきっとできるさ」と繰り返しこたえている。彼は自分の手法を、あらゆる機会に惜しげもなく公開しているのだ。

バフェット哲学の研究書は数多いが、ここでは自身が投資家であり、バフェット本人とも親交の厚いロバート・G・ハグストロームのまとめた『『バフェットの法則』における原則』を紹介しておこう（『株で富を築くバフェットの法則』ダイヤモンド社）。

・企業に関する原則

その事業は簡明で理解しやすいか？

安定した業績の記録があるか？

長期の明るい展望があるか？

・**経営に関する原則**
合理性を尊重できる経営者であるか？

株主に対して率直で誠実か？

横並びの強制力に負けないか？
・**財務に関する原則**
1株当たり利益ではなく株主資本利益率を重視する。

〝オーナー収益〟を計算する。

売上高利益率の高い企業を探す。

留保資産1ドル当たり、少なくとも1ドルの割合で株価に反映していることを確認する。
・**マーケットに関する原則**
企業の真の価値を確定する。

企業の価値に対し大幅に割安な価格で買えるか？


この簡便なリストを実践するだけで、あなたもバフェットのような富を築くことができる。〝まっとうな生き方と大きな夢〟こそが、ファンダメンタルズ投資の最大の魅力なのである。

＊「バフェットの法則」はとてもシンプルだが、「財務に関する原則」だけはすこしわかりにくいので解説を加えておく。

（1）1株当たり利益ではなく株主資本利益率を重視する。

前年度の利益を資本金に組み込めば1株利益（ＥＰＳ）が増えるのは当たり前だから、経営者の業績を評価するには株主資本に対する利益率（ＲＯＥ）に注目する必要がある。それこそが、与えられた資本から経営者がなにを生み出したかを知る最善の方法である。

（2）〝オーナー収益〟を計算する。

企業の財務内容を知るうえでキャッシュフローはきわめて重要だが、純利益に減価・減耗償却費を加えた会計上のキャッシュフローでは企業の正しい財務状況は把握できない。それよりも、企業の純利益と償却費の合計（会計上のキャッシュフロー）から資本支出（投資額）と運転資金の合計を差し引いた〝オーナー収益（フリーキャッシュフロー）〟に注目すべきである。

（3）売上高利益率の高い企業を探す。

売上を利益に結びつける企業はつねにコストの節減を実行している。売上とともにコストも上昇していくのであれば、その会社の経営者は無能である。

（4）留保資産1ドル当たり、少なくとも1ドルの割合で株価に反映していることを確認する。

企業が利益を配当せず、内部留保した場合は、それに見合うだけの投資が行なわれなければならない。すなわち、1ドルを内部留保して運用に回せば、少なくとも1ドル分は株価が上昇するはずである。それができない経営者は、株主の利益を預かる資格がない。

資本主義はけっきょくひとつ

ファンダメンタルズ派（実在論）とテクニカル派（唯名論）の対立は根源的なものなので、一見、合意の余地はどこにもないように思える。でもよく観察してみると、両者はビミョーな関係でむすばれていることがわかる。

ファンダメンタルズ派が割安に放置されている銘柄を手に入れることができるのは、市場参加者の多くがその企業の〝本質的価値〟に気づいていないからである。逆にいえば、市場にファンダメンタルズ投資家しかいなければ、どの銘柄も割安にはならないのだから、投資機会は永遠に訪れない。このように、ファンダメンタルズ派の正しさをだれもが認めた瞬間に、ファンダメンタルズ投資家は絶滅してしまうのである。

一方、テクニカル投資というのは市場参加者の期待を予測するゲームである。株価が変動するためには、なんらかの要因で期待が変化しなければならない。もっとも大きな影響を与えるのは、原理的に、企業の収益予測（とそこから導かれる本質的価値）しかない。

このように、犬猿の仲に見えるファンダメンタルズ派とテクニカル派は、じつは相互に依存しあっている。企業の〝本質的価値〟を無視して売買するテクニカル派がいなければファンダメンタルズ派の投資は成立せず、企業の収益予測によって株価が動かなければテクニカル派のゲームは始まらない。

しかし、両者が似ているのはこれだけではない。

株式投資が偶然のゲームであるという事実を前提とすれば、「必ず儲かるチャート分析」の類はすべてインチキである。同様に、「確実に儲かる長期投資法」というのもこの世には存在しない。バフェットが「企業の価値に対し大幅に割安な価格」にこだわるのは、株式投資が偶然のゲームであることを知っているからだ。株価が安ければ安いほど、賭けに勝つ確率は高くなる。それが、ゲームを有利にすすめる唯一の方法なのである。

このように、トレーダーであれ長期投資家であれ、株式市場で成功するプレイヤーはみな同じことをやっている。富を創造するには、他人より先に市場の歪みを見つけるしかない。事業であれ、投資であれ、この原則は同じである。

なぜなら、それが資本主義なのだから。

株式評論家で儲けるには

〝神様〟に資産運用をお願いする

〝投資の神様〟ウォーレン・バフェットは、「君だって僕と同じことができるはずさ」といつも激励してくれる。そのことばを支えに株式市場の荒海に乗り出したいけど、まだちょっと自信がない。そんなときはどうすればいいだろうか。

投資の王道を行くのなら、財務分析を基礎から勉強し、企業の財務諸表を読み込み、「これなら割安だ!」と確信を持てるチャンスをじっと待つことだ。でもこれはけっこう難しい。とくに株価が上昇しているときだと、みんなはどんどん儲かっているのに、自分だけ取り残されているような気がしてくる。

だれが考えてもベストな方法は、バフェットその人に資金を預けることだ。

バフェットの偉大なところは、自らの投資運用会社バークシャー・ハサウェイ(もとは織物会社だったが、事業を閉鎖して投資部門だけになった)を上場して、「バフェットの法則」を信じるすべての投資家に資産運用の機会を開放していることだ。そしてもっと偉大なところは、これまで株主の期待を裏切ることなく、市場平均をはるかに上回る成績でみんなを豊かにしてきたことである。バフェットに憧れて財産すべてをバークシャー・ハサウェイに投じたひとたちの決断は、大きな果実となって報われたのだ。

しかしながら、「世界一の投資家に資産運用してもらう」というこの魅力的なアイデアにもわずかな不安がある。ひとつは１９３０年生まれのバフェットが第一線を退く時期が近づいていること。いつまでもバフェットおじさんがみんなのお金を預かるわけにはいかないのだ。そしてもうひとつは、バフェットがあまりにも有名になりすぎたために、収益力からみて、バークシャー・ハサウェイの株価が割高になってしまったこと。皮肉なことにバークシャー・ハサウェイは、割安株投資家ウォーレン・バフェットならぜったいに投資しない銘柄なのだ。

新版註：このように書いた２００６年時点のバークシャー・ハサウェイの株価は60ドル前後で、２０２４年には４５０ドルと7倍以上になっている。一方、Ｓ＆Ｐ５００は4倍強にしかなっていないから、「オマハの賢人」はやっぱり偉大だった。ただし、バフェットも94歳になって引退の時期は近づいている。

そこで、ふつうのひとはこう考える。

「自分ではできないんだから、専門家に教えてもらえばいいじゃないか」

これはある意味、ひじょうにまっとうな考え方である。病気になったら医者に相談する。自分で家を建てられないから大工さんに頼む。テレビをつくるのは無理だから近所の電器屋に買いにいく。市場経済とはこうした分業で成り立っているのだ。それと同じでどこが悪い？

じつは株式投資では、この方法はあまりうまくいかないのである。

ＰＱの低いひとたち

金融業界は、株式評論家とか投資コンサルタントとかアナリストとか、投資家に〝儲かる情報〟を提供すると称するひとたちで溢れている。株式評論家は、「株で儲ける」本を書いたり講演したりして稼ぐ自営業者だ。投資コンサルタントというのは、投資家からお金をもらって投資のアドバイスをする仕事だ。アナリストは金融機関（証券会社）に勤めるサラリーマンで、顧客に対するサービスとして投資情報を提供している。このように収入を得る方法はちがってもやっていることは同じだから、ここではアナリストに彼らを代表してもらおう。

アナリストが株式市場にとってなくてはならない存在なのは、異論の余地がない。彼らは膨大な財務諸表を読み込み、経営者にインタビューし、工場や店舗、ときには倉庫まで足を運び、高度なファイナンス理論を駆使して、デルフォイの神託よろしく「推奨銘柄」をおごそかに告げる。彼らのおかげで、上場企業の社長と面識もなく、証券分析の専門的な知識もない初心者も、その御言葉を頼りに株式市場に投資することができる。

一見したところ、アナリストの仕事はウォーレン・バフェットの投資法とよく似ている。企業情報を収集し、ファンダメンタルズを分析し、将来の収益を予測し、本質的な企業価値を算出する。ということは、金融業界にはアナリストの数だけバフェットがいるのだ。これはすごいことではないだろうか。

しかし不思議なことに、当のバフェットがもっとも嫌っているのが、こうした〝金融のプロ〟たちだ。彼が故郷のオマハに隠棲し、ウォール街に足を向けようとしないのは、オーダーメイドのスーツに身を包んだ鼻持ちならないアナリスト連中と顔を会わせたくないからでもある。彼らが自分の半径100キロ以内にいると思うだけでも、虫唾《むしず》が走るのではないだろうか。

バフェットがアナリストを嫌う理由は、彼らが投資家に損をさせているからである。なぜなら、彼らの予測はぜんぜん当たらないのだ。

その理由を、経済学の泰斗ポール・サミュエルソンが巧みな比喩で説明している。知能指数ＩＱのように、資産運用の能力を表わすＰＱ（パフォーマンス指数）があると仮定しよう。ＰＱの高いひとは投資に成功し、逆に低いひとは損ばかりしている。

そこで、サミュエルソンはいう。

「投機家が求めているのは、例えて言えば、起床ラッパを吹く係の兵隊を起こしてくれる犬である。そんな犬を捜してくるのは容易ではないし、いたとしても借りてくるには大金を積まねばならない」（『証券投資の思想革命』ピーター・Ｌ・バーンスタイン〈東洋経済新報社〉より）

儲かる銘柄を知っている人（起床ラッパを吹く係の兵隊を起こしてくれる犬）は、自分で自分の資産を運用したほうがはるかに得なので、彼らから情報を教えてもらうにはそれ以上の対価を支払わなければならない。ＰＱの高いひとはＩＱも高いので、給料をもらって情報提供したり、本や講演で稼ごうとしたり、そんな下らないことをするはずがない。すなわち、〝儲かる情報〟を教えているひとたちはみんなＰＱが（ついでにＩＱも）低いのである――。20世紀が生んだ最高の経済学者の1人はこう考えた。

〝金融のプロ〟は、医者のような専門家とはちがう。医者が病気を治すのは、自らの専門知識を提供して患者を健康にし、なおかつ治療費という対価が得られるからだ。一方、〝金融のプロ〟はやたら高価なクスリをばら撒くばかりか、その処方箋に従うと病気がさらに悪化するおそれすらあるのである。

「安心」を売る商売

とはいえ、バフェットやサミュエルソンのようにアナリストの仕事を全否定する度胸は私にはない。なかには、卓越した見識で優れた仕事をしているひともいるにちがいない。だがそれでも、あいかわらず頭の痛い問題が残っている。私たちは、だれが正しいのかを知ることができないのだ。

そのことは、次のような簡単な論理で説明できる。

未来の株価を必ず当てるアナリストがいるとすると、投資家は彼の予測のみにしたがって売買しようと考えるから、特定の投資家が世界じゅうのすべての富を独占するか（ぜったい儲かるのだから）、だれも儲からなくなるか（全員が同じ行動をとるから）、いずれかの結果になる。これは論理的な必然であり、そうした事態が起きていない以上、「必ず当たるアナリスト」が存在しないことが証明できる。

ところでこの話は、9割的中させるアナリストにも応用できる。合理的な投資家であれば、たとえ損する可能性が1割でも、残りの9割が確実に儲けられるなら、彼の予言に従ったほうが得だと即座に判断するだろう。その結果、先ほどよりすこし時間はかかるだろうが、やはり地球上のすべての富を特定の投資家が独占することになるか、だれも儲からなくなるか、いずれかの状態に落ち着く。このことから、「9割的中させるアナリスト」もこの世には存在しないとわかる。

この話は的中率が80％、70％、60％と下がっても同様に当てはまり、理屈のうえでは51％までつづく。株式市場で投資家の思惑が交錯し、売買が成立するのは、アナリストの神託が当たったり外れたりして、だれが正しいのかさっぱりわからないからである。皮肉なことに、彼らの予測が当てずっぽうと同じくらいだからこそ、株式市場はうまく機能するのだ（この話は当然、チャートから未来の株価を予測するテクニカル・アナリストにも当てはまる)。

それでは、推奨銘柄を教えてくれるアナリストや、株式市場の動向を自信たっぷりに占う評論家はいったいなにをやっているのだろう。もちろん彼らにも、株式市場になくてはならない大事な仕事がある。それは、投資家に「安心」を売ることだ。

ひとがなにか行動するときは、それがスニーカー1足買うというささいなことであっても、なんらかの理由が必要だ(「1万円は高いけど、最新モデルだからそれだけの価値はあるよね」とか)。人間はロゴス(言葉/論理)に支配された動物で、論理的に整合性のない行動ができないよう遺伝子にインプットされているのである(たぶん)。

株式に投資する際、どのような投資家も、自分の決断を後押ししてくれる合理的な理由を探す。投資家に株式を売買してもらうためには、彼らが無意識に求めている「物語」を次から次へと提供していかなくてはならない。その重責を、アナリストや株式評論家は一身に担っているのである。

「強気」と「中立」ばかりの理由

アナリストから「安心」を買う需要は、年金などの資産を預かる機関投資家になるとさらに大きくなる。運用成績に責任を負うファンドマネージャーはサラリーマンなので、万が一大損したときに「自分の一存でやりました」では首が飛んでしまう（少なくとも出世の道は閉ざされる）。詳細なデータとともに、なぜその銘柄に投資したかを〝論理的に〟説明してくれるアナリストレポートは、彼らにとって格好の言い訳のネタなのだ。

金融機関とアナリストのあいだには、もうちょっとビミョーな関係もある。

ある会社の株が市場で1万円で売買されていたとして、有力アナリストがその適正株価を2万円と予測して「買い推奨」すれば、投資家は争って株を買おうとするだろう。逆に5000円の価値しかないと「売り推奨」すれば、その株は暴落するかもしれない。いずれの場合も証券会社は投資家から売買手数料を受け取り、そこからアナリストの給料が支払われる。ここまではなんの不都合もない。

問題は、適正株価を安く評価された会社が怒り出すことにある。ライブドアのように、高い株価を活用して合併・買収で成長しようとする企業は、証券会社にとってもいちばんの得意客だ。その会社の株価を低く評価して、投資家に売りを勧めることなどできるはずがない。

こうして、アナリストの投資判断には「強気」と「中立」ばかりが並ぶことになる。上司から「こんど大きな仕事が入りそうなんだ。よろしく頼むよ」と無言の圧力をかけられ、「いやー、困ったなあ。でも住宅ローン、キツいからなあ」というボーナス期待派は「買い推奨」、「そんなこといったって、こんなボロ株勧められないよ」という良心派は苦渋の「中立」となる。でもそのうち、「〝中立〟ってようするに〝売り〟のことじゃないか」と企業の財務担当から嫌味をいわれたりして、良心を守るのもなかなかたいへんなのだけど。

そんなこんなで、ベンチャー市場のアナリストはみんなライブドア問題に沈黙するしかなくなってしまった。子どもだましのような粉飾決算に気づかなかったなら、自らの無能を天下に認めることになる。株価操縦を知っていながら投資家に買いを勧めていれば、犯罪に加担したとして罰せられる。となれば、残された道はひとつしかない。首をすくめて嵐が通り過ぎるのを待つだけだ。

カリスマ評論家になる方法

株式評論家や投資コンサルタントの予測がたいして当たらないのなら、どうして彼らの商売が成り立つのだろうか。それは、適当な株に適当な理由をつけて推奨しても半分は当たるからだ。

そこで商売上手な株式評論家は、たまたま当たった銘柄を大々的に吹聴する（「ほら、ライブドアの株価が10倍になった。私の言葉を信じていれば、あなたは今ごろ億万長者になっているじゃないですか」）。そしてもちろん、外れた予想は無視する（「だって投資は自己責任なんでしょ」）。

もうすこし高度な戦略なら、ものすごく極端なことや、大多数の予想と反対のことをいってみても面白い。たとえば日経平均が暴落して市場参加者が弱気になっているときに、「経済のファンダメンタルズは変わっていない。株価は数ヶ月で底を打って反転するだろう」と宣言する。たまたまそのとおりになれば、「私だけがこの相場を当てた」と大々的に宣伝する。予言が外れたとしても、そんなことだれも気にしないからすぐに忘れてもらえる。

あるいは、「日本は20××年に破綻する」とか、「預金封鎖で銀行に預けたお金は戻ってこない」とか、起こる可能性が非常に低いかわりに、もし実現したらとてつもない災厄に見舞われる不吉な予言をする。〝ノストラダムスの大予言〟が世界的に大流行したことからもわかるように、人間には破滅に引き寄せられていく強い傾向がある（フロイトならたぶん「タナトス＝死への欲望」とかいうんだろう）。もし予言が当たれば、一生〝神〟として崇め奉られる。もし外れても、悪いことが起きなかったんだから問題になることはない。だったらやらなきゃ損だ、というひじょうにわかりやすい結論になる。

こんなことが可能になるのは、株式評論家の予想を何年もさかのぼって検証しようというもの好きがめったにいないからだ。でもアメリカには意地悪な経済学者がいて、投資情報サービスの予測を徹底的に検証したりしている。その結果は予想どおり惨憺たるもので、〝金融のプロ〟のいうとおりに売買していると証券会社に手数料をぼったくられるばかりか、なぜかサルにダーツを投げさせて適当に投資銘柄を選んだより成績が悪い。世間のしがらみとか、そういうものの影響だろう。

もっとも、なかにはすぐれた予測をする機関がなかったわけではない。有名なのはヴァリューライン社で、フィッシャー・ブラック（デリバティブ理論で著名な経済学者）の詳細な研究でも、その相場予測は長期にわたって市場平均を上回る実績を残している。

もっとも、ヴァリューライン社のモットーは「相場に流されない」ことで、金融業界のアナリストたちが右往左往するのを尻目に、めったなことでは予測を変えなかった。皮肉なことに、雑音には耳を貸さず、自分の信じた銘柄を長期保有することが富を生む秘訣だとするバフェットの正しさが、ここでも証明されたのである。

第6章　経済学的にもっとも正しい投資法

世界一簡単なファイナンス理論早わかり

マーコウィッツ青年

これからファイナンス理論の核心にあるモダンポートフォリオ理論の話をしようと思う。これは経済学的にもっとも正しい投資法を教えてくれるのだが、際立ったふたつの特徴を持っている。すなわち、

（1）なぜそうなるのかを理解するのは難しい（少なくとも確率と統計についての基礎的な知識が必要になる）。

（2）「経済学的に正しい投資法」を実践するのはものすごく簡単である。

そのため（1）を飛ばして（2）だけにすると、話は一瞬で終わってしまう。

インデックスファンドに投資しなさい。

終わり。――しかしこれではあんまりなので、面倒な数式などはいっさい使わず、理論の概略を紹介してみたい。

ギャンブラーであれば、だれでもリスクとリターンのあいだに密接な関係があることは

知っている。ルーレットで大きく儲けるには、偶数や奇数に賭けていては意味がない。ストレートアップ（数字を1つだけ選ぶ）やスプリット（隣り合う2つの数字を選ぶ）でベットしないと、賞金倍率は高くならない。当たる確率が低ければ低いほど儲けは大きい。これが、すべてのギャンブルを支配するリスクとリターンの法則だ。

今から半世紀以上前の1952年、シカゴ大学の大学院生だった無名の青年ハリー・マーコウィッツは、博士論文のテーマが決まらず苦しんでいた。ある日、担当教授に面会するために研究室の廊下で待っていると、見知らぬ紳士から声をかけられた。この紳士はマーコウィッツの悩みを聞くと、「だったら株式市場の研究なんかどうだい？」とアドバイスした。後年、マーコウィッツはこの研究でノーベル経済学賞を受賞することになるのだが、そのきっかけをつくった謎の紳士は、じつは教授に株を売りつけようとやってきた株式ブローカーだった。

マーコウィッツ青年のアイデアは、株式投資にもルーレットと同じようなリスクとリターンの関係がはたらいているのではないか、というものだった。もしそうなら、株価の動きを数学的に記述できるかもしれない。これってけっこうイケテルかも——。

でもそのためには、株式市場はどのようなルールに支配されているのか仮説を立てなくてはならない。株は毎日上がったり下がったりするけれども、そこにはルーレットのようなわかりやすい規則はないからだ。

ひとつだけ確かなのは、どの株がいつ上がるか（下がるか）だれにもわからないらしい、ということだった。となると、これってもしかしてランダムな確率のゲーム？　だったら、確率論や統計学の手法が使えるかもしれない。これが、マーコウィッツ青年のふたつめのアイデアだ。

水に花粉を浮かべると、その微粒子は水の分子のでたらめな（ランダムな）動きによって時間とともに拡散していく。これが、19世紀のはじめにロバート・ブラウンによって発見され、20世紀初頭にアインシュタインによってその謎が解かれた「ブラウン運動」で、花粉の微粒子の動きは完全に不規則なので、どのような方法を使っても次にどこに移動するかを知ることはできない。ただし、確率的にどの範囲に収まるかを数学的に定義することは可能だ。

市場での株価の動きも、このブラウン運動と同じようなものではないかとマーコウィッツ青年は考えたのだ。

頭蓋骨のなかに脳味噌入ってますか？

水の分子は0度以下ではほとんど動かず、熱を加えるにしたがって活発になり、100度で蒸気にかわり大気中に発散していく。氷の上に落ちた花粉の微粒子の位置を特定するのは簡単だが、温度が上がるにつれてその動きは激しくなり、予測は困難になる。これを、ファイナンス理論では「リスク」という。

リスクというのはたんに「損する可能性」ではなく、数学的には予測可能性の程度を示す。氷の上の花粉はリスクが低く、沸騰した水のなかの花粉はリスクが高い。なぜなら、前者は予測可能性が高く、後者はそれがきわめて低いからだ。

このことから、ランダムな運動ではリスクとリターンが1対1で対応していることがわかる。花粉の動きを株価と考えるなら、リスクがなければ（氷の上であれば）儲かりもしなければ損もしない。リスクがきわめて高ければ（沸騰する水であれば）どこまで動くか予想不可能で、とてつもなく儲かることもあればものすごく損することもある。すなわちリスクとは、**「損する可能性」であると同時に「儲かる可能性」でもある**のだ。

ここがファイナンス理論のいちばんのポイントなので、もういちど確認しておこう。

「私は投資でリスクをとりたくない」ということは、「私はべつに儲からなくていい」というのと同じ意味だ。「俺はドカンと一発当てたい！」ということは、「俺は大きなリスクをとるぞ！」というのと一言一句同じだ。これさえ理解していれば、「元本保証で儲かる商品ってなんですか？」と質問して、**「こいつ、頭蓋骨のなかに脳味噌入ってるのか？」**という疑惑の目で見られることもなくなる。

統計学では、このリスクのことを「分散（散らばり方）」という。たとえば銀行預金は、決められた時期に決められた利息が支払われるので、分散はきわめて小さい（リスクが低い）。それに対して株式は、暴騰したり暴落したりすることもあるので分散は大きい（リスクが高い）。このように分散の大きさによって金融商品を並べると、ハイリスク欄に株式や先物、ミドルリスク欄にファンド、ローリスク欄に債券や預貯金とすっきり区分けすることができる。

ところで、この分散＝リスクだけでは株式市場をうまく説明できない。株価チャートには右肩上がりや右肩下がりのはっきりとしたトレンドが生じるが、花粉の微粒子はランダムに動きながらも同じ範囲を行ったり来たりするだけだ。ということは、株価はランダムに動きながらも、プラスかマイナスのどちらかに傾いていることになる。

ファイナンス理論では、この傾きを「期待リターン」という。期待リターンがプラスであれば、株価はランダムな上下動を繰り返しながら徐々に上がっていく。逆に期待リターンがマイナスなら、ときには値上がりすることがあったとしても、長期的には株価は下落していく。

株式の期待リターン（傾き）とリスク（分散）は、過去のデータから求めることができる。このふたつが決まれば、ランダムに動く株価を数学的に記述し、異なる株式を同じ基準で比較できるようになる。ここにマーコウィッツ青年の独創があった。

＊専門家ですら誤解しているのだが、「ハイリスク・ハイリターン」というときの収益（リターン）と、「期待リターン（傾き）」はまったく別のものである。ハイリスクでも（価格の変動が激しくても）期待リターンがマイナスならハイリターンにはならず、収益は急速に減っていく。

リスクは波のようなもの

「ひとつひとつの株の動きは期待リターンとリスクで説明できる。だったら、いろんな株を組み合わせてみたらどうなるだろう？」

これが、マーコウィッツ青年の次なる疑問だった。ここで彼は、リスクのとても面白い特性を発見した。

リスクというのは、たとえていえば波のようなものだ。まったく同じ強さの波が逆方向からぶつかれば、双方のちからが打ち消しあって水面は静かになってしまう。同様に、完全に正反対の動きをする株を保有すれば、株価の変動にともなう損失はなくなる。この場合でも期待リターンは消えないから、リスクゼロで儲かるという夢のような世界が実現できる（数学的にいうと、「分散」と「傾き」は別のものだからだ）。

これはちょっと非現実的だとしても、すこしでも動きのちがう株を持てば、リスクの持つ相殺効果によって、損する可能性だけを減らすことができる。このようにして、古くから知られていた「分散投資」の効用を数学的に証明したことが、マーコウィッツ青年の大発見であった。

過去の株価データさえあれば、個別銘柄のリスク（分散）と期待リターン（傾き）は容易に計算できる。それぞれの株価の動きを比較すれば、動き方のちがい（相関）を知ることも可能だ。それらをすべて合体して全体の動き（共分散）を計算することも、やってやれないことはない。ということは、どんな銘柄を購入しても、もっとも低いリスクでもっとも高いリターンが得られる最適な組み合わせを数学的に示すことができるのではないか。

コンピュータのない50年前に、この気の遠くなるような作業をマーコウィッツ青年はほとんど手計算でやっていた。幸いなことに私たちは、表計算ソフトを使って彼の理論を検証し、さらには自分のポートフォリオを最適化することまでできる。実際にやってみるとなかなか面白いのだが、本書では割愛する。このあたりの数学的な説明をはしょっても、「経済学的に正しい投資法」を実践することはじゅうぶん可能だからだ。

効率的ポートフォリオの発見

食品会社や運輸会社はリスクが低い。ベンチャー企業はリスクが高い。両方保有すると、どちらかに全財産を投じるよりも、統計的に、低いリスクで高いリターンを得ることができる――。これがマーコウィッツの発見であった。

といっても、リスクとリターンの比較で最適な組み合わせは1種類というわけではない。リスクに応じて、もっとも大きなリターンを得られる最適ポートフォリオ（株や債券など金融商品の組み合わせ）はちがってくるはずだ。

リスクのとれる若い投資家はIT銘柄に比重を置いたハイリスク・ハイリターンのポートフォリオをつくればいい。年金生活になったら、配当性向の高い銘柄に比重を移してローリスク・ローリターンにすればいい。そう考えれば、この理屈は直感的に理解できるだろう（証券マンはいまでもこれで顧客を説得している）。

ところが、イェール大学で経済学を教えていたジェームズ・トービン（1981年ノーベル経済学賞受賞）が奇妙なことをいい出した。「若者だろうが老人だろうが、投資家の年齢や好みに関係なく、銘柄の保有比率はいっしょでいい」

トービンの独創は、株式だけで構成されるポートフォリオではなく、国債のようなリスクのない金融商品と株式ポートフォリオの組み合わせを考えたことにある。

リスクをとりたくない投資家は、ローリスクの株式ポートフォリオではなく、全資産を国債（あるいは預貯金）で運用するはずだ。大きなリターン（＝大きなリスク）を目指す投資家は、全資産を株式ポートフォリオで保有するにちがいない。ということは、無リスク資産（国債）と株式ポートフォリオを組み合わせることで、だれにとっても最適な資産の組み合わせを決定することができる。これが「効率的ポートフォリオ」だ。

トービンによれば、合理的な投資家は次のような行動を取る。
（1）ローリスク・ローリターンの投資家：全資産を国債（無リスク資産）で保有する。
（2）ミドルリスク・ミドルリターンの投資家：国債と株式ポートフォリオの組み合わせを保有する。

（3）ハイリスク・ハイリターンの投資家：全資産を株式ポートフォリオで保有する。
（4）超ハイリスク・超ハイリターンの投資家：借り入れ（借金）をして株式ポートフォリオに投資する。

これは資産運用におけるコペルニクス的転回であった。投資家のすべきことは、あれこれの銘柄を組み合わせることではなく、各自のリスク許容度に合わせて国債（預貯金）と株式ポートフォリオの割合を決めることなのだ。

トービンの理論は、ながらくウォール街で黙殺されてきた。なぜならそれは、顧客ごとにオーダーメイドのポートフォリオを提案する伝統的な投資コンサルタントの仕事に廃業を迫るものであったからだ。

ファイナンス理論の終着点

金融業界がファイナンス理論を無視できたいちばんの理由は、それが机上の空論で、実際にはなんの役にも立たないからだった。高速コンピュータのない当時は、100銘柄や200銘柄を組み合わせた大規模なポートフォリオの分散や共分散を計算するのに、ものすごいコストと時間がかかった。そのうえ株価は日々変動するので、基礎となるデータも刻々と変わっていく。「なんかヘンなことといってる学者がいるけど、俺らには関係ないもんね」ですんでいたのだ。

そこに登場したのがウィリアム・シャープ（1990年ノーベル経済学賞受賞）で、彼の提唱した「CAPM（キャップエム）＝資本資産評価モデル」によって、マーコウィッツ青年から始まるモダンポートフォリオ理論の旅は終着点に至る。シャープは、個別株式を市場全体の動きと関連づける方法を考えついたのだ。

毎日の株式市場を見ているとわかるが、個別銘柄の株価は市場全体の動きに大きく影響されている。日経平均が上がれば個々の株価も上昇することが多く、逆に平均株価が暴落すると、個々の銘柄もそれにつられて値下がりする。だがよく観察してみると、銘柄によってその動き方は異なる。たとえばIT銘柄などは、平均株価の動きに過敏に反応して大きく株価を動かす。一方食品銘柄は、平均株価とは関係なく安定した値動きをすることが多い。株式インデックスに対するこの感応度を、シャープは「ベータ」と名づけた。

シャープの理論をものすごく簡単に要約すると、次のようになる。

ある株の値動きというのは、①その銘柄に固有の動き（アルファ）、②市場の動きに感応する動き（ベータ）、③予測不可能なイベント、の3つに分かれる。複数の銘柄を持つということは③の非市場リスク、つまり統計上の予測不可能性を消し去ることだ。

そうなると、ポートフォリオの値動きは①銘柄ごとの動き（アルファ）と②市場感応度（ベータ）のふたつの要素で決まることになる。この際、アルファの値は一定だから（数学的には x 軸の切片にあたるからだが、細かな説明は省略）、ポートフォリオのリターンは最終的にはベータの大きさで決定される。これが、ファイナンスの世界を席巻した「ベータ革命」である。

CAPM理論のすごいところは、ランダムに動く株式の期待収益率を、アルファとベータのわずかふたつの組み合わせに還元してしまったことだ。そればかりでなく、シャープはここからだれもが仰天する結論を導き出した。

「CAPM理論が正しければ、世の中に効率的ポートフォリオはたったひとつしかない。それは株式市場の縮小コピーである」

ファイナンス理論が最終的に行き着いた場所はここであった。

経済学的にもっとも正しい投資法

株式市場を数学的に解析するファイナンス理論の根幹は、マーコウィッツが最初に設定した「株価はブラウン運動のようにランダムに動く」という仮説である。このような市場では株価の変動は確率的にしか予測できないのだから、株式投資は偶然のゲームになり、市場参加者はだれひとり有利な立場を手にすることはできない。これが「効率的市場仮説」で、その場合、合理的なすべての投資家は同一の情報、同一の基準、同一の判断に基づいて同一のポートフォリオを保有するはずだ。同じ一本道を歩けばだれもが同じ場所にたどり着くように、この世に効率的ポートフォリオはたったひとつしかないのだ。

この前提が正しければ、以下の単純な三段論法が成立するとシャープは指摘した。

（1）すべての投資家が持つポートフォリオを合計すると、市場に存在するすべての株式の時価総額になる（投資家以外に株式を保有するひとがいないのだから、これは当たり前だ）。

（2）すべての合理的な投資家は、効率的市場では、同一のポートフォリオを保有している。

（3）となると、投資家が保有するもっとも効率的なポートフォリオは、市場に存在するすべての株式を、市場に存在する割合だけ保有したものになる。

まるで一休さんのトンチ話のようなこの三段論法によって、シャープは、株式市場そのものが唯一絶対の効率的ポートフォリオであると結論づけたのである。

とはいえ、いったいどうすれば「市場そのものに投資する」なんてことができるのだろう。

安心してほしい。じつはこれはものすごく簡単である。

ＴＯＰＩＸのような平均株価に連動して値動きするファンドをインデックスファンドという。これは、株式市場に存在するすべての銘柄を時価総額に応じて保有するもので、まさに市場を縮小コピーしたものだ。

こうした紆余曲折を経て、数多くのノーベル賞学者を輩出したファイナンス理論の頂点に君臨する「経済学的にもっとも正しい投資法」が完成した。それはサンダルをつっかけて近所の証券会社に出かけ、「すみません。インデックスファンド10万円分ください」と注文することなのである。

経済学者とウォール街のたたかい

「効率的市場仮説」への反撃

「経済学的にもっとも正しい投資法」のいちばんすごいところは、小学生だってできることだ。いまは子どもでも証券会社に口座開設できるから、お年玉でインデックスファンドを買えばいいいだけだ（1万円から投資できる）。

そのうえ、理論そのものを理解する必要もない。

「ノーベル賞を取るような超一流の経済学者がそろって同じことをいってるんでしょ。正しいに決まってるじゃん」

いいかげんに見えるだろうが、この態度はべつに間違ってない。テレビを買うときに、液晶に画像が表示される仕組みを完璧に理解しているひとはいない。「やっぱり〝世界のソニー〟でしょ」とか、「液晶ならシャープだよ」とかの評判（ブランド）で決めてたいていなんの問題もない。いうまでもなくノーベル賞は経済学における最高のブランドである。

もちろん、そんなことじゃ納得できない頑固なひともいるだろう。その場合は、ファイナンス理論の入門書を片手に表計算ソフトで過去の株価データを統計解析すれば、マーコウィッツからシャープまで、すべての理論を自分で確認することもできる（私はもの好きなので、1ヶ月かけて試してみた）。最初の前提を受け入れるならば、〝衝撃の結末〟まで数学的に完璧に論証されていることがわかるはずだ（だからこそノーベル賞の対象になったのだ）。

ファイナンス理論の登場でいちばん困ったのはウォール街ではたらく金融マンたちである。すべての投資家がインデックスファンドを買ってあとは寝ているだけでいいならば、「自分たちがこれまでやってきたことはいったいなんだったんだ？」という深刻なアイデンティティの危機に見舞われることは間違いない。それだけならまだしも、リストラの嵐まで襲ってきて、昨日までの高給取りが明日からはホームレスである。

だがそうはいっても「経済学的に正しい」理屈に反論するのは簡単ではない。そこでウォール街が保有するすべての武器弾薬は、理論の前提になる「効率的市場仮説」に集中投下されることになった。

「市場が効率的だって？　すべての投資家が、あらゆる株式に関して、どんな情報でも瞬時に入手できるだって？　そんなわけないだろ。これだから現場を知らないセンセイは困るよ」

わからず屋と壊れたテープレコーダー

市場が効率的かどうかの論争は、ファイナンス理論が完成した70年代からえんえん半世紀ちかくつづいていて、いまだに決着をみていない。当事者はみんな真剣なんだけど、これを傍から見てるとちょっと滑稽だ。

〝効率派〟の経済学者は、ウォーレン・バフェットもジョージ・ソロスもラリー・ウィリアムズも、あらゆる市場のカリスマを「宝くじを当てたみたいなもの」のひと言で片づけようとして、まるでどこかの国のわからず屋の政治家みたいだ。それに対して〝反効率派〟は、いってることがいつも同じで、まるで壊れたテープレコーダーだ。「俺はこんなに儲けた」「あいつはもっと儲けた」はいはい、よかったですね。

反効率派と効率派の論争は、だいたいこんなかんじで展開する。

反「効率的市場仮説なんて嘘八百に決まってる。1年で資産を倍にした私の実績が立派な証拠じゃないですか」

効「そんなのなんの証明にもならんよ。市場が効率的ということはだれも儲からないということじゃない。君がたまたま大儲けしたとしても、ジャンケンに10回つづけて勝つ奴がいるのと同じで、統計的にはべつに珍しいことじゃないね。ギャンブルの成績は平均へと回帰するから、来年はあまり期待できんだろうが」

反「それじゃあ、ラリー・ウィリアムズみたいな常勝トレーダーをどう説明するんですか？　市場が効率的なら、〝15年間無敗〟なんてあり得ないじゃないですか」

効「私は有能なトレーダーの存在を否定するほど堅物じゃないよ。それは話が逆で、ラリーみたいなすご腕のトレーダーがいるから市場が効率的になるんだ。どんな市場の歪みも一瞬で消してしまうんだから、彼の通ったあとにはペンペン草も生えんだろ」

反「じゃあ、バフェットおじさんはどうなんですか。ペンペン草も生えてない市場で、なんで420億ドルもの資産を築けるんですか？」

効「そりゃバフェットが投資家じゃなくて、成功した事業家だからだよ。彼の資産の大半は自分が経営する保険会社のものじゃないか。それに、〝バフェットが買った〟というだけで、みんなが殺到して株価が上がる。これこそ、情報が瞬時に伝わる効率的市場そのものだよ」

それから経済学者は、おもむろに伝家の宝刀を取り出すだろう。

「そんなにいうなら、ファンドのパフォーマンスを比較してみようよ。市場が効率的じゃないんなら、情報面でも資金面でもプロのファンドマネージャーは個人投資家より圧倒的に有利なんだから、市場平均を上回る投資成績を残してるはずじゃないか」

これが出てくると、反効率派はしゅんとしてしまう。これまで何度となく、ファンドのパフォーマンスが測定されてきた。その結果、金融業界の最高の知性を集めたファンドマネージャーが心血を注いで運用するアクティブファンドのうち、6割から7割ちかくが市場平均を上回れないという残酷な事実が繰り返し突きつけられているのである（これはアメリカだけでなく、日本のファンドでも同じだ）。

コイン投げを1万回繰り返せば、表と裏が出る回数は半々になる。同様に、市場が効率的であれば、ファンドマネージャーの能力にかかわらず、多数の銘柄を保有するポートフォリオの平均的なパフォーマンスは市場平均と一致するはずだ。もしそうなら、人件費などのコスト分だけアクティブファンドがインデックスファンドに負けるのは当たり前——という話になる。

これはかなり困った事態だ。ファンドに存在意味がないんだったら、ファンドマネージャーも、アナリストも、金融業界そのものがいらなくなってしまうではないか。

ほんとにいいのか、ノーベル賞

本家アメリカでは反効率派を圧倒しているかにみえる「経済学的に正しい投資法」は、じつは日本ではいまひとつ普及しない。これはべつに日本の投資家が遅れているからじゃない（そう主張するひともいっぱいいるけど）。過去の例からして、この国で経済学的に正しく振る舞おうとすると投資家は大損してしまうのだ。

ファイナンス理論は、突き詰めれば、次のふたつの原則に還元できる。

（1）市場は効率的で、株式投資は偶然のゲームだから、長期でみればだれも市場平均を上回れない（じたばたすると手数料コストのぶんだけ損する）。

（2）長期のスパンでみれば市場は拡大し、株価は上昇する。

これはようするに、時間とともに当たりくじが増えていく宝くじみたいなものだ。宝くじの当せん番号は完全にランダムに決まるから、〝イカサマ必勝法〟に高いお金を払ったり、当たりくじが出ると噂の売り場までわざわざ出かけていくのは無駄である。当せん確率は時間とともに上がっていくのだから、もっとも賢い行動は、買ったらずっと手放さずに持っていることだ。

このときいつも引き合いに出されるのが、世界恐慌の引き金となった1929年ウォール街の株価大暴落である。多くの個人投資家が破産し、家を失い、窓から身を投げたと伝えられているが、じつは暴落直前の最高値で株を買っていても、四半世紀後の1950年代半ばには損失は消え、その後は大儲けしたことになる。長期投資が可能なら、世界大恐慌だってぜんぜん怖くない。なぜなら産業革命以来、人類の経済規模は指数関数的に拡大をつづけているのだから……。

なるほど、これは説得力がある。やっぱりノーベル賞は格がちがうなあ、と思ったところで、日経平均の株価チャートに目をやってみよう。

バブル経済絶頂期の1989年、日経225平均株価の最高値は約3万9000円だった。世紀末のインターネットバブルを挟んで、それが2003年4月には5分の1以下の7600円まで暴落した。2006年2月現在、それが1万6000円前後まで回復して「バブル再来」と大騒ぎしている。

「歴史的なバブル崩壊からすでに17年。ということは、あと8年で25年だから、2014年には日経平均は4万円を超えて、バブルのときに株式投資したひともみんな儲かるのか！」

ちょっと待って。ほんとにこれでいいのか、ノーベル賞。

もちろんよくない。株式投資は偶然のゲームなのだから、だれも未来の株価は予測できない。「でも安心したまえ」と、経済学者はいうだろう。

「株価はいつかは4万円を超える。それは間違いない。50年後か100年後かは知らないがね」

ええっ！　そんな先じゃ、もう死んじゃってるよ。経済学的に正しくったって、そんなのなんの役にも立たないじゃん。

こうして〝反効率派〟が勢いを盛り返す。

「お金は生きてるうちに使うもんでしょ。だったら別のやり方を考えなきゃ。ところで、このヘッジファンドどうです？　儲かりますよ」

うーん、いったいどっちが正しいんだろう。

新版註：日経平均株価はこの予想から10年遅れて、2024年2月にバブル期の最高値を更新し、3月に4万円を超えた。

グローバルな市場に投資する

アメリカ市場では長期投資は報われた。日本市場ではバブル崩壊後20年ちかく経つのにぜんぜん報われそうにない。ということは、アメリカは経済学的に正しい株式市場で、日本は間違ってるんだ。——こう主張するひとたちがたくさんいる。そうかもしれないし、そうじゃないかもしれない。でも、こんな議論になんの意味があるんだろう。儲からない理由をあれこれ詮索してもむなしいだけだ。

もういちど基本に立ち返ってみよう。

〝金融のプロ〟も含め多くのひとが誤解しているが、「長期投資にリスクはない」という定説にはじつは根拠がない。リスクとは予測可能性のことだから、これは「遠い将来のほうが予測しやすい」といっているのと同じことだ。そんなことってあるんだろうか。

10歳の子どもでも、明日のことならそれなりに正確に予測できる。朝起きて、ご飯を食べて、学校に行って……。でも、30年後の自分はどうだろう。統計的には平凡なサラリーマン生活を送っている確率が高いけれど、もしかしたら大成功して憧れの「ヒルズ族」になっているかもしれない。長期の予測が困難だからこそ、ひとは〝夢〟を持てるのだ。

このように考えれば、**「長期投資ほどリスクが大きい」**ということがだれにでもわかるだろう。リスクはリターンの源泉であり、リスクが大きいからこそ大きな富を創造できる。

でも話は、これだけでは終わらない。

株式会社とは、金融市場から事業資金を集め、社員を雇い、土地や工場、機械などの資本財を購入し、原材料を仕入れ、アイデアや研究開発力、ブランドなどを駆使して、投入した資金よりも多くの富を生み出す「装置」のことだ。それはどこか、魔法の貯金箱に似ている。ブタの背中から１００円入れれば、口から１２０円が吐き出される。でもときどき壊れて、入れたお金が戻ってこない……。

もしこの装置が正しく作動しているのなら、富は複利のちからで大きくなっていく。当たりくじの本数が増えていくこの状態を、「期待リターンがプラス」という（長期的には株価は右肩上がりになる）。しかし逆に、貯金箱のどこかに問題があって、投入した資金よりもすこししか戻ってこないと（期待リターンがマイナスだと）、お金は急激に失われていく。このように、**長期投資が大きな富を生むのは期待リターンがプラスのときだけ**なのだ。

「株は長期で持てば必ず上がる」というひとがいるが、経営者が無能で、市場から調達した資金を減らすだけなら、富は失われていく。同様に、石炭産業のような構造的に衰退する業種に投資したならば、時間とともに損失は拡大していくだろう。いずれも期待リターンがマイナスだからだ。この場合、長期投資のリスクの大きさが負の効果となって現われ、資産を加速度的に減らしていく。

このことは個々の会社や業態だけでなく、一国の経済にもあてはまる。

ベルリンの壁が崩壊し、ソ連邦が解体し、旧社会主義国が雪崩を打って自由経済に移行し、中国が資本主義経済の導入に大きく舵を切って以来、世界市場は爆発的な成長をはじめた。ひとり日本だけが、この成長から取り残されたのである。

バブル崩壊以降、日本の株式市場の期待リターンは長くマイナスであった。そのため「経済学的に正しい投資法」を行なうと、数学的な正確さをともなって、富は失われていったのだ。だがこれは、モダンポートフォリオ理論が間違っている、ということではない。

資本主義は自己増殖するシステムである。日々の経済活動のなかで差異を見つけ、それを富に変え、そこからまた差異が生まれ……。資源問題や環境問題など外的な制約がなければ、理論的には、この運動は無限につづく。だったら、「市場ポートフォリオ」への投資とは、グローバルな市場そのものに投資するということではないだろうか。

ということで、だんだんと結論に近づいてきたのだが、先を急がずこのあたりでちょっと休憩にしよう。

第4章から第6章のまとめ

ここまでの話を整理しておこう。

株式市場で富を創造するには、次の３つの代表的な方法がある。

①トレーディング（デイトレードを含む）
②個別株長期投資（バフェット流投資法）
③インデックスファンド（経済学的にもっとも正しい投資法）

なぜこれらの方法が有効かというと、株式投資が次のようなゲームだからだ。

①株式投資は確率のゲームである（「ぜったい儲かる方法」はぜったいにない）。
②株式市場はおおむね効率的であるが、わずかな歪みが生じている（その歪みは、有能な投資家によってすぐに発見され、消滅してしまう）。
③資本主義は自己増殖のシステムなので、長期的には市場は拡大し、株価は上昇する（それがいつになるかはわからないが）。

ここから、株式投資に「勝つ」合理的な方法はふたつしかないことがわかる。市場の歪みを利用するか、長期投資で樹から果実が落ちるのを待つか。どちらが優れているということはなく、いずれの投資法も資本主義の本質から生まれたものだ。

短期のトレーディングは、市場の歪みから富を生み出す手法だ。長期投資の効用ははたらかないから、必然的に、大儲けするプレイヤーがいる一方で7割以上が資金のすべてを失って退場していく弱肉強食のゼロサムゲームになる。

インデックスファンドは、長期的な市場の拡大から富を創造する手法だ。市場の歪みは利用できないから、平均以上の運用成績をあげることは原理的に不可能である（そのかわり市場平均を下回ることもない）。

ウォーレン・バフェット流の割安株への長期投資は、市場の歪みを利用し、なおかつ長期にわたる市場の拡大をも援用して、より大きな富を生み出そうとする。バフェットのような資本主義の原理に忠実な投資家が、市場平均を上回る莫大な資産を築くのは、ある意味で当然なのだ。

第7章　金融リテラシーが不自由なひとたち

金融版『バカの壁』

養老孟司のベストセラー『バカの壁』ではないが、同じ日本語で会話しているはずなのに「ぜんぜん話がかみ合わないな」と不安になることがときどきある。その相手を「バカ」と名指しする度胸は私にはないので、政治的《ポリテイカリー》に公正《コレクト》に「リテラシーがない」と表現したい。リテラシーとは読み書き能力のことで、具体的には、

（1）議論の前提となる知識が欠けている。

（2）知識が欠けていることに無自覚である。

ことをいう。

こうした特徴を持つ人種が頻繁に観察されるのが投資の世界で、彼らは一般に「金融リテラシーのないひとたち」と呼ばれる。これをわかりやすく翻訳すると、「ネギを背負ったカモ」になる。下品な表現で申し訳ないが、金融商品の多くは彼ら「カモ」からぼったくることを目的につくられている。

2005年10月に「通信ベンチャーの雄」とうたわれた格安固定電話サービスの平成電電が民事再生手続きを申請した。この会社は平成電電システム、平成電電設備なる匿名投資組合を使い、1万9000人の個人投資家から490億円もの資金を調達していたとい

う。「予定基準配当10％」「100万円が6年間で160万円に」という派手な新聞広告を目にしたひともいるだろう。

ところで、この儲け話には明らかな矛盾がある。個人投資家から集めた資金で通信設備を購入し、それをリースして安定収入を得るというのだが、なぜこんな奇妙なことをするのかの説明がまったくないのだ。世の中にはもっと有利な条件で設備投資を行なう方法がいくらでもあるというのに。

企業が金融市場から資金を調達する手段は、一般に融資、社債発行、新株発行の3つがある。いずれを利用しても、投資組合をつくって個人投資家を募るよりずっと効率的に資金を集めることができる。

たとえば、次のような事実を考えてみよう。

長期プライムレート（長プラ）は金融機関が優良企業に融資を行なう際の基準金利で、2005年はじめは年1・65％だった。一方、ソフトバンクが2005年5月にホークスのファン向けに発行した無担保社債「福岡ソフトバンクホークスボンド」の表面利率は年1・41％である。ソフトバンクが海外で発行した社債は当時、大手格付機関S＆P社から「投資不適格」のBBマイナスに格付けされていたのだが、超低金利の日本では、それでも長プラより安いコストで資金調達できたのだ。

金融市場がこうした有利な手段を提供しているのに、平成電電はなぜ個人投資家に年10%もの配当を支払って金を集めなくてはならなかったのだろうか。

その理由はひとつしか考えられない。この会社は、日本じゅうのすべての金融機関から相手にされていなかったのだ。銀行も証券会社も機関投資家も、金を貸したら戻ってこないと考えていたのである。

金融リテラシーとは、こうした「おいしい話」の背後に潜む罠を、常識と合理的な推論によって読み解く技術である。それはべつに、高度な知識や特別な情報を必要とするものではない。

コストとギャンブル

自分自身に投資家としての適性があるかどうかを、簡便な方法で知ることができる。

宝くじを買って億万長者になろうと夢見ていたり、競馬や競輪で生活しようと考えているのであれば投資はやめたほうがいい（ゲームとして楽しむのならこのかぎりではない）。投資用にワンルームマンションを買っているひともかなりあぶない。こういうひとは、ギャンブルでいちばん大事な期待値の計算ができていないからだ。

銀行の窓口に行って外貨預金をするひとは、投資についてある程度知識があるかもしれないが、やはりコスト意識が欠落している。あなたが経済合理的な投資家であれば、ネット証券の外貨預金や証券会社の外貨MMF、あるいは為替証拠金取引（為替FX）を使うだろう。貴金属店で金地金を購入し、貸金庫を借りて保管するひとも同様で、商品先物会社で金の先物を売買したほうが効果は同じでずっとコストが安い。

ギャンブル研究の第一人者である谷岡一郎によれば、日本の宝くじの期待値が46・4％、競馬などの公営競技が75％なのに対し、ラスベガスのルーレットは約95％、パチンコは約97％。バカラやクラップスになると期待値は98・6％から最大で99・9％まで上がる（谷岡一郎『ツキの法則』〈PHP新書〉）。ハイローラーと呼ばれる、いちどの勝負に大金を投じる筋金入りのギャンブラー（ギャンブル依存症）がバカラを好む理由は、そのゲーム性ではなく期待値の高さにある。

勝率を正しく計算できなければ、ギャンブラーは生き残っていけない。同様に、投資コストに鈍感な投資家はいずれ市場から退出していくことになる。コストは期待値を下げるだけで、なにも生み出さないからだ。

＊投資用ワンルームマンションについては別のところでなんども触れたのでここでは繰り返さない。「確実に儲かるなら業者が自分で投資しているはず」ということさえわかれば、隠されたリスクは簡単に見つかるだろう。

先物取引に偏見を持っているひとが多いが（これまで業界がやってきたことを考えればそれも当然だ）、投資のためのツールと考えれば、株価先物、為替先物、商品先物などは、機関投資家並みのコストで市場にアクセスできるすぐれた特性を持っている。それを上手に利用できるかどうかは本人次第だ（先物の仕組みが理解できないうちは手を出さないほうがいい）。

いかがわしいキャンペーン

金融市場に流通する株式や債券を〝原資産〟と呼ぶことがある。これはいわば、マグロやハマチのようなものだ。スーパーでは、豊洲で仕入れた魚をそのまま店頭に並べるのではなく、きれいにさばいて「お刺身セット」として売る。同じように金融機関は、市場で仕入れた原資産を組み合わせて、投資家向けの「金融商品パッケージ」として販売している。

近所の銀行が、一斉に新規口座獲得キャンペーンをはじめたとしよう。その内容は、たとえばこんな感じである。

A銀行：100万円を定期預金したうえで、知り合いを1人紹介する。その知り合いが同じく100万円の定期預金をつくったら、2人に1万円がプレゼントされる。

B銀行：人気の投資信託を100万円分購入してくれれば、100万円の定期預金に年利1%（1万円）のボーナス金利がつく。

C銀行：100万円分の外貨預金をすれば、100万円の定期預金が年利1%のボーナス金利になる。

D銀行：年利1%の5年もの定期預金をキャンペーン中。ただし銀行側の判断で満期が10年に延長される特約がついている。

E銀行：名前も聞いたことのない銀行だが、定期預金がなぜかいつも高金利である。

もしあなたに100万円があれば、どの銀行を利用するべきだろうか。

期間1年の国債利回りは0・1%程度（2024年は0・25%）だから、年利1%の定期預金はかなり有利な条件である。**だれかが得をすれば、だれかが損をする。**金融リテラシーのあるひとはこの原則を知っているので、次のように考える。

「だったらその損はだれが払ってるんだ？」

そして、ネズミ講のような商売をするA銀行か、どこからみても怪しげなE銀行を選び、B、C、Dの大手銀行には目もくれないだろう。

A銀行の条件は、100万円を定期預金にしたうえで、知り合いにも同じ定期預金をつくらせることだ。それ以外の条件がいっさいないのなら、両者に支払われる1万円は新規口座獲得のための宣伝広告費（キャンペーン費用）である。1年後に預金全額を解約されると銀行としては赤字だが、そのうちの何割かが顧客として残ってくれればいいという計算なのだ。

キャンペーンに応じて気軽に100万円を預けるばかりか、親兄弟や知人にも高額定期の開設を勧めることができるひとは優良顧客である可能性が高い。キャンペーンの参加金額を引き上げることは、顧客を選別するソフィスティケイトされた方法でもある。

では、常識はずれの優遇金利を提示する無名のE銀行はどうだろう。

銀行業務はどこもほぼ同じで、一行だけ群を抜いて儲かるとは考えにくいから、E銀行が預金ほしさにあぶない橋を渡っている可能性は高い。しかし、日本国から銀行業の免許を受けている以上、ひとり1000万円までの円預金の元本と利息は預金保険によって保護されている。たとえ経営破綻しても、その損失はめぐりめぐって国民の税金から支払われるのである（もっとも、破綻から資金回収までの手間を考えれば年利1％では割りが合わない可能性はある）。

ぼったくりを目的とする商品

では、残る3つの銀行のキャンペーンはなぜ損なのだろうか？

B銀行は、キャンペーン預金とファンド（投資信託）のセット販売である。標準的な株式ファンドの場合、金融機関は運用会社から3％程度の販売報酬と、年間0・5％程度の代理店報酬を受け取ることができる。ということは、定期預金と投資信託を抱き合わせ販売することで、3％の販売報酬（利益）から年利1％のボーナス金利（費用）を引いた2％が金融機関の儲けになる。顧客は、自分で自分にキャンペーン費用を払っているのである。

C銀行は、キャンペーン預金と外貨預金のセット販売だ。日本円を米ドルに両替するとき、ネット銀行以外の大半の銀行は1ドルあたり1円の為替手数料を徴収する。1ドル＝

120円とすれば、手数料率は0・83％（1円／120円）。これは金融機関の収入なのだから、年利1％のボーナス金利を提供したとしても、実質負担は差額の0・17％（1％－0・83％）となり、損はほとんど帳消しになる。

だが、トリックはそれだけではない。外貨預金は、最終的には日本円に再両替しないと日本国内で使うことはできない。両替コストは為替レートによって異なるが、仮に同じ1ドル＝120円とすると、金融機関は往復で1・66％の両替手数料を顧客から徴収できる。キャンペーン金利は1％なのだから、差引き0・66％がC銀行の儲けだ。この場合も、キャンペーン費用はしっかり顧客負担になっている。

それに対してD銀行の定期預金はもうちょっと凝っている。その商品特性は、

①年利1％の5年定期。
②ただし、金融機関の判断で満期が10年に変更されることもある。

というものだった。これと同様の性質を持つ債券を〝コーラブル債〟と呼ぶが、金融の教科書では、次のように説明の順序がまったく逆になっている。

①年利1％の10年債。
②ただし、5年目に早期償還条項（コーラブル）付き。

ここに、D銀行の宣伝担当者の独創がある。すなわち、この商品の実体は「10年満期、中途解約不可」の定期預金なのだ。そのうえさらに銀行側は、5年目に一方的に早期償還する権利を持っている。だがこのことを正直に告げるとだれもお金を預けてはくれないので、話の順番を逆にして、あたかも魅力的な金融商品であるかのように装っているのである。

5年後も現在のような低金利がつづいていれば年利1%の預金は銀行にとっては損（顧客にとっては得）だから、D銀行は早期償還の権利を行使して契約を強制解約する。逆に金利が上昇して、年利3%や5%になっていれば、1%しか利息のつかない定期預金は銀行にとって得（顧客にとっては損）だから、預金はそのまま継続されるだろう。

この預金のポイントは、どう転んでも銀行に有利、顧客に不利なように仕組まれていることだ。その代償として、顧客は年利1%というボーナス金利を与えられているのである。これを金融用語で、「コールオプションを売ってプレミアムを得ている」というのだが、この「高金利の5年定期」にお金を預けたひとは、自分がデリバティブ取引をしているなんて夢にも思っていないだろう。

日本というのは不思議な国で、信用と品格を重んじるはずの大手銀行が競ってこんな詐欺まがいの金融商品を販売している。そこに共通するのは、「消費者にとってなんのメリットもない」ということだ。ようするに、ぼったくりのみを目的に設計されているのである。

＊金融機関の各種ぼったくり商品については、吉本佳生『金融広告を読め』（光文社新書）が詳しい。

新版註：その後、高金利をうたう円預金のなかに、一定の条件で外貨建てで償還されるタイプが増えてきたが、これは為替オプションを売って利益をかさ上げしているので、相手にしないほうがいいのは同じだ。

元本確保型ファンドのカラクリ

個人顧客を相手に商売する証券会社が収益を上げるためには、原理的にふたつの方法しかない。投資家に金融市場へのアクセスを提供するブローカー業務と、金融商品のパッケージ販売である。格安手数料を売り物にするネット証券の登場で、既存の金融機関は株式・債券などの売買手数料から利益を上げるのが難しくなった。その結果、顧客から法外な手数料をぼったくれるパッケージ商品の開発に血道をあげることになる。彼らとて、生きていかなくてはいけないのだ。

このようにして、金融商品はつぎつぎと〝高度化〟する。

元本確保型ファンドは、「運用に失敗しても元本は返済します。運用に成功すればそのぶんの利益を上乗せします」というタイプの商品で、「儲けたいけど損するのはイヤ」というわがままな投資家に非常に受けがいい。

このファンドの仕組みは単純で、たとえば「期間5年ドル建て元本確保型」なら、預かった資金の8割で5年物の割引米国債（年利4・56％）を購入し、残りの2割を積極運用部分に回す。運用に成功しようが失敗しようが5年後には割引債は額面で償還されるのだから、元本はそれで返済できる。

元本確保型ファンドのアイデアは、「黄金と銅を組み合わせれば、全体を黄金と言いくるめられる」と気づいたことにある。証券会社に債券を預けてもわずかな保管料がかかるだけだ（無料の場合もある）。一方、株式ファンドを購入すれば、運用資金に対して年1・5％程度の信託報酬が徴収される。ということは、資産の大半を債券で保有する元本確保型ファンドの場合、信託報酬は年0・3％（1・5％×2割）程度で十分ということだ。

しかし驚いたことに、これらのファンドはどれも、運用資産全額に対して（すなわち運用していない8割を含めて）通常の株式ファンドと同じか、もしくはそれ以上の信託報酬を顧客に請求しているのである。

金融機関がこの手の元本確保型ファンドを売りたがるのは、コスト意識の低い投資家がひっかかりやすく、通常の何倍もの手数料をぼったくることができ、なおかつ仕組みがバレにくいからだ。これこそまさに、銅を黄金に変える錬金術である。

ヘッジファンドで大儲け

ヘッジファンドは、「金融技術の粋を駆使して、相場が下落しても〝絶対利益〟を実現する」と称する金融商品だ。

バブル崩壊後の90年代後半と、インターネットバブルがはじけた2000年代初頭は株式ファンドが壊滅状態だったので、金融機関は個人投資家に販売する商品がなくなってしまった。そのとき干天の慈雨のごとく登場したのがヘッジファンドで、投資手法はさまざまだが、「よくわからないけどなんか儲かりそう」と思わせるテクニックはどれも超一流である。

ヘッジファンドはもともと最低投資額１００万ドル（約１億２０００万円）という富裕な投資家向けの商品だったが、その後の乱立状態で過当競争に陥り、１口５万ドル（約６００万円）程度からバラ売りするところも出てきた。金融機関もブームに乗ってさまざまなヘッジファンドを組み合わせたパッケージ商品を１口10万円から売り出したりして、いまではなにも知らないおじいちゃんおばあちゃんまでヘッジファンド投資をする時代になっている。

もちろん私は、ヘッジファンドを否定するわけではない。ジョージ・ソロスが運用を再開するなら、喜んで資金を預けたいと思う（向こうが断るだろうが）。しかし、最近の有象無象のヘッジファンドにはぜんぜん興味がわかない。

ヘッジファンドの売り文句は、運用担当者が自らの資金を拠出していることである。これによって投資家と運用担当者は同じリスクを負っている、という麗《うるわ》しい話になっている。でも、これってほんと？

私が経済的に合理的なファンドマネージャーだったら、真っ先にやることは、自分の損を投資家に押しつけ、投資家の利益を自己勘定に移すことだ。ついでに監査法人をだまして利益が出ているよう見せかけ、派手な宣伝を展開する。欲に目がくらんだ投資家がひっかかれば、濡れ手に粟でいくらでも儲かる。数人で運用しているような小さなファンドなら、こんな会計操作は朝飯前だ。

大手金融機関が運営するヘッジファンドなら大丈夫だろうか。そう簡単には安心できない。

ヘッジファンドは成功報酬制で、プラスのパフォーマンスに対して通常20％の高額報酬が顧客に請求される。ここでのポイントは、その利益が実現していなくてもいい、ということだ。

私がもしサラリーマンのヘッジファンドマネージャーで、100億円のボーナスをもらおうと考えたら、流動性の低い中小型株を買いまくるだろう（あらかじめ断っておくが、現実によく似た事例があったとしてもただの偶然である）。市場に流通する株数が少なく、個人投資家主体の市場に巨額の資金を運用するファンドが入ってくれば、たちまち〝池のなかのクジラ〟状態になり株価は暴騰する（池の水があふれる）。すべての銘柄が高値になったところでボーナスを査定してもらえば、契約に従って莫大な成功報酬を受け取ることができる。

問題は、クジラを池から出すことだ。ほとんどの株は自分が持っているのだから、売れば売るだけ値が下がってしまう。

こうした〝スーパーファンド〟は、一見ものすごく儲かっているように見えても、償還を迎えるまでそれを維持できるかどうかきわめて疑わしい。それでもいったん受け取ったボーナスを返却する義務はないのだから、ファンドマネージャーにとってはとてつもなく有利な取引だ。運用会社も、報酬は顧客が払うのだから一銭も損しないし、マスコミが大騒ぎしてくれれば最高の宣伝になる。投資家は大損する可能性が高いが、それはずいぶん先のことなのでだれも覚えてはいない。

ヘッジファンドはこのように、じつによくできた仕組みである。だから私は、運用会社ならやってみたいと思うが、投資する気にはぜんぜんならないのである。

〝愛国ファンド〟の大ヒット

毎月分配型ファンドは金融業界における破格のヒット商品である。いちばんの売りは、年金がわりに毎月、分配金が支払われることだという。その仕組みを調べると、このファンドが私たち日本人にとっていかにすばらしい商品かがわかって、感動的ですらある。

毎月分配型ファンドは、高金利の外国債券に投資している。債券からは定期的な利払いがあるので、それを原資に投資家に分配金を支払うのなら、これはただの債券ファンドだ。毎月分配型ファンドになぜ人気があるかというと、それ以上の分配金（たとえば年率５％）を魔法のように生み出しているからだ。

ここで、カモになるかどうかの分かれ道がやってくる。前者は「そりゃ凄い。どこで買えるか教えてくれ!!」と驚く。後者は、「その分配金はどうやって払ってるんだ？」と考える。

債券の利払い以上の分配金を払うためには、債券本体を売却するしかない。債券自体に値上がり益があれば別だが、そうでなければ自分の資産を食いつぶすことになる。タコが足をすべて食べてしまったら、あとは胴体しか残っていないのと同じである。

次のような例で、分配のあるファンドと分配のないファンドを比較してみよう。

１００万円で購入したファンドが年５％の割合で資産を増やしていくとすると、複利の効果によって10年後には約１６３万円になる。それに対して毎年の利益を分配金で受け取ってしまえば、手元に残るのは元金１００万円と50万円の分配金だけである。資産は複利で運用したほうがずっと有利だが、毎月分配型ファンドは、それをわざわざ単利に変えて運用収益を引き下げているのである。

ファンドの価格が値下がりした場合、売却しても税金はかからない（損しているのだから当たり前だ）。ところが分配のあるファンドでは、この常識が通用しない。毎月分配型ファンドでは、元本を上回った収益の分配金に一律20％の税金がかかるのだが、いったん払った税金は戻ってこない。値下がりしたファンドを売却すると、分配のないファンドでは払う必要のなかった税金の分まで損が拡大するのである。

私はべつに、毎月分配型ファンドが金融商品として問題があるといっているわけではない。分配金の多寡と頻度を競うファンドは、必然的に運用収益を引き下げ、余分な税金を払うことになるという常識的な事実を指摘しているだけだ。

周知のように、日本は過大な財政赤字に喘いでいる。それをすこしでも助けようと、せっせと税金を払っている気高い投資家がいるのはすばらしいことである。彼らが自らの善行をまったく理解していないとしても、私たち日本国民はその愛国心に感謝のこころを忘れてはいけない。

愛情と称して偽善を売るひとたち

最後に、生命保険会社について簡単に触れておく。彼らは、「家族の愛情」を提供すると称して〝ぼったくり〟系の商品を大量販売する奇怪な商法を得意としているからだ。

そもそも生命保険というのは、その仕組みから見れば宝くじと同じである。唯一のちがいは、宝くじは当たればうれしいが、保険金が支払われるときは、死んだり病気になったり、なんらかの不幸な偶然に見舞われていることだ。それをここではよりわかりやすく、「不幸の宝くじ」と呼ぼう。

大手生命保険会社が保険金の不当不払いで業務停止命令を受けたが、これはべつに驚くにあたらない。宝くじの当せん者に賞金を払わなければ、そのぶんだけ胴元は儲かる。同様に、死亡したひとや病気になったひとに保険金を支払わなければ、保険会社の利益は増える。利潤を追求する以上、保険金を払わないのはきわめて自然な行動なのである。

企業と顧客との利益相反を、市場は自由な競争によって解決してきた。不良品を高値で売れば儲かるだろうが、やがてはライバル企業に淘汰される。だが規制に守られた保険業界では、自由な競争より業界の秩序が優先されるから、顧客を騙してぼったくる商売がいまだに幅を利かせている。

保険会社が販売する不幸の宝くじは、わずかな賭け金で大きな賞金が支払われるかわりに、ほとんどのひとが外れを引く特殊な商品である。その特性を有効に活用できるひとはそれほど多くない。少なくとも独身者や子どものいない夫婦、高齢者や十分な資産のあるひとにとっては死亡時の保険金になんの意味もなく、掛け金を無駄にするだけだ。

その事実が広く知られるようになると、保険商品は急速に複雑になってきた。その代表が、生命保険に投資信託を組み合わせた変額保険である。

そもそも保険（不幸の宝くじを買うこと）と投資（金融市場のリスクに賭けること）はまったく別のもので、このふたつを組み合わせることに経済合理的な理由はない。たとえていうならば、ダイコンとエンピツをセットで販売するようなものだ。

ところが保険会社は、投資商品よりも保険のほうが税制上有利な扱いを受けていることを盾に、この奇妙なセット商品を買わせようとする。もちろん、それによって顧客が制度上のメリットを享受できるなら問題はない。だが実際には、利用価値があるのは相続税対策に使える一部の富裕層だけで、それ以外の顧客は意味のない保険に半強制的に加入させられ、そのうえ割高なコストを請求される。

保険は、人生のリスクを管理するのにきわめて有用な金融商品である。だが私は、「愛情」と称して偽善を売るようなひとたちと好んでつきあいたいとは思わない、申し訳ないけど。

カモはどこからともなくわいてくる

あなたのまわりにも非常識なひとが何人かいるにちがいない。日々をストレスなく過ごすいちばんの秘訣は、彼らとの遭遇を極力回避することである。

同様に、世の中には金融リテラシーの欠落しているひとが一定数存在する。金融機関の収益機会は、彼らといかに遭遇するかにかかっている。

女子マラソンの金メダリストを擁した商品先物会社の社長が逮捕されたが、この会社のビジネスモデルは無知な顧客を騙して組織的に金を巻き上げ、揉め事は裏金で処理し、先物取引業の免許を維持するためにトラブル件数を過少申告するというものだった。これで年間150億円ちかい営業収益をあげていたのだから、「ぼったくり」がいかに儲かるビジネスかわかる。こうした商法がなくならないのは、塀の内側に落ちるリスクがあっても、それに見合うだけのリターンが得られるからである。

「投資家教育」の必要性が叫ばれている。だがほんとうに大事なことは、金融機関は教えてくれない。池に魚がいなくなれば釣りができないように、ネギを背負ったカモがいなくなれば儲けられないからだ。

金融商品の仕組みを理解することはそれほど難しくない。ネットには情報があふれ、書店には大量の専門書が並んでいる。その気になれば、知識を得ることはだれにでもできる。問題なのは、自分が無知なことに無自覚で、なおかつ自分の判断が正しいと信じているひとたちである。彼らは絶好のカモとして、身ぐるみはがされて市場から退出していくはずなのだが、不思議なことに、どこからともなくつぎつぎと湧いて出てくるのである。

誤解されると困るのだが、私は金融機関が収益の拡大を目指すのを批判しているのではない。どのようなビジネスでも、サービスに対して正当な報酬を受け取るのは当然のことだ。個人投資家は、金融機関を利用しなければ金融市場にアクセスすることができない。そこでカモられるのは、投資家の自己責任ともいえる。

金融市場は人生を豊かにする機会を私たちに与えてくれる。リタイアすれば、ひとはだれでも一人の投資家として生きていくほかない。

そのとき、まずはじめに知っておくべきことがある。

投資は偶然性に左右されるゲームであり、確実に儲かる方法などどこにも存在しない。

だが、確実に損をする方法ならいくらでもある。

金融リテラシーは、投資家が身を守るための唯一にして最大の武器なのである。

第8章　ど素人のための投資法

1 アセットアロケーション

拡大する市場と縮小する市場

本書は、これから株式市場という大海原に船を漕ぎ出そうとする個人投資家が、証券会社主催の無料セミナーに参加したり、巷にあふれる株入門書や株雑誌を読む前に知っておくべき基礎的な知識をまとめたものだから、本来ならこの章は余計かもしれない。ここから先は、読者一人ひとりが自分で決断すべきことだからだ。

しかしそれではちょっと不親切な気もするので、私の考える「ど素人のための投資法」（以下、「トーシロ投資法」）を簡単に紹介してみたい。

古くから預金（債券）・株式・不動産への「資産三分法」が繰り返し説かれてきたが、ファイナンス理論でも、個別銘柄の選択のような「戦術」的問題より、資産全体をどのように配分するかの「戦略」的思考のほうが運用成績に大きな影響を与えることが明らかにされている。資産運用の成否の8割は「アセットアロケーション（資産配分）」で決まるのだ。

アメリカ市場でもっとも売買高の大きな銘柄のひとつであるスパイダーズ（ＳＰＹ）は、

アメリカの主要企業500社の株価を指数化したS&P500インデックスをETF（上場型投信）にしたものだ。1990年はじめにSPYのようなインデックスファンドを1万ドル購入すると、10年後の2000年1月には4万2000ドルになっていた（年率15・4%）。その後のITバブル崩壊で株価は下落したが、2006年1月時点でも3万9000ドル（年率8・8%）だから、投資家は十分な利益を得たことになる。

新版注：2024年8月時点では17万2000ドルになっている。

同じ1990年に日経225株価指数に連動するインデックスファンドを100万円購入すると、金融危機に揺れた1998年末には資産は約35万円、インターネットバブル崩壊後の2003年はじめには5分の1の約20万円に減っている。年率20%ちかい勢いで資産が失われていったのである。

新版注：2024年8月時点では、ほぼ100万円に戻って損も得もない。

いま振り返れば、ベルリンの壁崩壊（旧共産圏諸国の自由市場参入）という世界史的大転換からアメリカ市場が莫大な恩恵を被り、冷戦構造に依存してきた日本経済の根幹が揺さぶられたことの必然的な結果だったのだが、当時このような分析ができた専門家は皆無だった。

ＩＴ景気に沸く90年代のアメリカ市場では、適当な会社の株を買っておけば、初心者だろうが小学生投資家だろうがみんな儲かった。デフレが進行し大手金融機関がつぎつぎと経営破綻する90年代の日本市場では、どんなに努力して銘柄選定しても報われることはなかった。皮肉なことに、全財産を郵便貯金に預けてなにもしないふつうのひとたちが、物価が下落するぶんだけ実質資産を増やしていったのだ。

このように考えれば、90年代に成功した投資家とは、銘柄分析のプロや仕手情報に詳しいセミプロではなく、なんとなくアメリカ株ファンドを買ってみたり、資産を現金や預貯金で抱え込んでいた素人たちであることがわかる。どれほど戦術的に正しくても、その前提となる戦略が間違っていれば、最初から勝負に負けているのだ。

最大の資産はあなた自身である

アセットアロケーションは、各自が持つすべての資産を時価評価することから始まる。ところが不思議なことに、ほとんどの投資指南本はこのいちばん大事な過程を無視して、いきなり「株式と債券の最適保有比率」とかの話をする。まるで、だれもそれ以外の資産を持っていないかのように。でもこれってどこかおかしくないか。

「衰退途上国」と揶揄されるようになっても、日本はまだＧＤＰで世界４位の経済大国だ。そんな国に暮らす私たちにとって、最大の資産は自分自身である。

キャッシュフローから見れば、サラリーマンは労働力を提供するかわりに、会社から定期的に給料という利払いを受け取り、定年時に退職金として元本が償還される債券を購入しているのと同じだ。あらゆる債券は現在価値に割り戻して評価することができるのだから、あなたが保有している〝サラリーマン債券〟も当然、時価評価可能だ。

平均的な大卒サラリーマンの生涯収入は３億円から４億円とされている。そこで、入社（年収２５０万円）から定年（年収１３００万円）まで同じ会社ではたらき、退職金３０００万円を受け取る標準的なモデルを考えてみよう（生涯収入は約３億円）。彼／彼女のキャッシュフローを長期金利１・５％で割り引くと、入社直後の23歳時点の〝サラリーマン債券〟の時価は約２億円、40歳で約１億９０００万円、50歳でも約１億６０００万円になる（減価の割合が少ないのは年齢とともに収入が上がっていくからだ）。

この簡単な試算からも、「働くという価値」（経済学ではこれを「人的資本」という）がいかに大きいかわかるだろう。ところが定年もしくはリストラによって仕事ができなくなると、この莫大な資産が一挙に失われてしまう。人生の経済的側面において、その衝撃は計りしれない。

20代や30代は資産全体に占める人的資本の比率が圧倒的に高いから、人並み以上のお金持ちになろうと思えば、自分自身という資産をいかに活用し、そこからどれだけの富を生み出せるかがすべてだ。「資産運用は若いときからはじめるよう」といわれるけど、ボーナスで残った5万円や10万円をなにに投資しようか考えてる場合じゃない。だが人的資本は年齢とともに減価し、退職した時点でゼロになってしまう。

この大きな資産を考慮に入れないアセットアロケーション理論は、どれほど精密なものであっても、まったく役に立たないのである。

＊人的資本を含めた資産配分の具体例をいくつかあげておく。
自社株への投資は人的資本と同じリスクを株式市場でもとることだから、あまりお勧めできない。旧山一證券の社員の多くは持ち株会に加入しており、職と資産を一挙に失った。リスクを分

散するためには、自分の仕事とは異なる業種に投資するべきだ。

公務員のように人的資本から安定した収入を得られる場合は、投資で大きなリスクをとることができる。その一方で、自営業やIT企業勤務など、将来のキャッシュフローが不安定なひとは、債券などリスクの少ない金融商品で運用したほうがいい。もっとも、現実にはこの逆のケースがほとんどなのだが。

「生涯共働き」が最強の人生設計

人的資本（この場合は、正確には人的資産だが慣例に従う）とならんで日本人の資産の大きな割合を占めるのは、いうまでもなくマイホームである。

1500万円の金融資産を持つひとが、頭金1000万円で5000万円の家を買うと、5500万円の総資産を保有することになる（金融資産500万円＋不動産5000万円）。この場合、金融資産の割合は9％だが、その大半は偶発的な出費に備えて流動性の高い預貯金で保有しておくのがふつうだ。そうなると、自由に運用できる資産は100万円かせいぜい200万円で、資産全体に占める割合は2、3％に過ぎない。

ところが「資産運用の専門家」と称するひとたちは、この事実を無視して、わずかな金融資産をなにに投資するかで侃々諤々《かんかんがくがく》の議論をしている。

住宅ローンを借りてマイホームを購入するということは、不動産市場にレバレッジをかけて投資することだから、株式市場でさらなるリスクをとる合理的な理由はない。わずかに残った金融資産の運用で頭を悩ますより、せっせと住宅ローンを繰り上げ返済したほうがずっとマシだ（ローン金利が３％なら年利３％の預金と同じ運用効果がある）。

マイホームを買った時点で、資産運用は終了している。そういうひとは、不動産の価格や住宅ローンの金利の変動で資産の価値が決まってしまうから、株式投資のことなど考えても無意味だ。

人生の折り返し点を過ぎる頃から人的資本は減少し、そのかわりに金融資産の比率が上がってくる。65歳で退職すると、あとは年金と資産運用の利益で生活していくほかはない。ひとは最後は一人の投資家になるのだ。――と２００６年には書いたが、この前提は「人生１００年時代」になって大きく変わった。

当たり前の話だが、長く働けば働くほど生涯収入は増える。65歳以降も年３００万円の収入があれば10年で３０００万円、年収１００万円でも20年働けば２０００万円で、これで「老後２０００万円問題」は解決してしまう。それに対して、労働市場からリタイアしてしまえば人的資本はゼロになる。

今後、日本も経済格差が拡大していくだろうが、それは「年金以外に収入のない高齢者」と「年金を繰り下げて働きつづける高齢者」のあいだで広がっていくのだ。経済的な目標が家計の生涯収入の最大化なら、「生涯共働き」を超える人生設計はない。

2　国際分散投資

世界市場全体に投資する

資本主義は自己増殖するシステムである。この運動がつづくかぎり、長期的には株式の価値はかならず上がる——これがファイナンス理論の根幹にある前提であった。だがこれは、すべての企業の株が上がったり、すべての業種が繁栄することを保証するものではない。厳しい競争や淘汰がありながらも、全体として市場が拡大していくという予測を示しているにすぎない。

当然、すべての国の経済が均等に発展するわけでもない。経済理論でいう「市場」とは、アメリカや日本などのばらばらな国内市場のことではなく、地球全体を覆うグローバルな市場のことなのだ。**「経済学的にもっとも正しい投資法」**とは、**世界市場全体に投資すること**なのである。そこでこれを**「世界市場ポートフォリオ」**と名づけよう。

2024年時点で、世界の株式市場における時価総額は米国市場が約60％、日本市場が5％、欧州などその他の先進国市場が20％、中国・インドなど新興国市場が15％程度になっている。したがって、それぞれの市場のインデックスを時価総額の比率に応じて保有することで、世界市場ポートフォリオが完成する。

ここで、「もっとうまい方法があるんじゃないか」と思うひとがいるかもしれない。「そんなまだるっこしいことしなくても、インドとかアフリカとか、これからガンガン株価が上がりそうなところに投資すればいいんじゃないの？」

たしかに、ファイナンス理論によれば、**株価は長期的に経済成長率に収斂する。**

1980年代まで日本の株価が右肩上がりだったのは、戦後の高度成長が背景にあったからだ。低成長時代になれば、かつてのような株価の上昇は期待できない。こうした事情は先進国に共通で、90年代になると欧米の機関投資家のあいだで、経済成長率の高い新興諸国への投資が流行した。

これは理屈としては正しいのだが、新興国の市場規模は大きくないので、みんなが同じことを考えると投資資金が殺到し、すぐにバブルがはじけてしまう。97年のアジア通貨危機、98年のロシア経済危機がこうして勃発した。

資本主義の原理は普遍的だから、国際分散投資も個別株と同様、美人投票にならざるを得ない。経済成長率の高い国はみなが争って投資するから、株価も割高になる。そこで面倒なことは考えず、世界市場にまるごと投資すればいい、という話に戻るのである。

万人に正しい投資法

「投資に〝絶対〟はない」のが大原則だが、ここでは世界市場ポートフォリオを利用して、万人に正しいアドバイスをしてみたい。

最近は確定拠出年金（日本版401k）を導入する会社が増えてきている。年金債務のリスクを企業から個人に転嫁する仕組みだが、会社が倒産してしまえば従来型の企業年金はなくなってしまうし、税制面での優遇措置も受けられるからそれほど悪い話ではない。

確定拠出年金では、株式や債券に投資する何本かの投資信託を加入者が選択し、毎月一定の金額を積み立てることになっている。こうしたケースでは、制度の持つさまざまな制約から、経済合理的に正しい投資法がほぼひとつに決まる。

株式市場で優位性を得るための条件をもういちど思い出していただきたい。

① 株式投資は確率のゲームである。

② 株式市場はおおむね効率的であるが、わずかな歪みが生じている。

③ 資本主義は自己増殖のシステムなので、長期的には市場は拡大し、株価は上昇する。

だがここでは、市場の歪みから利益を得る道は最初から排除されている。確定拠出年金では、トレーディングもバフェット流の個別株長期投資もできないからだ。そうなると、市場の長期的な拡大に賭けるほかに投資家の優位性は残されていない。

標準的なアセットアロケーション理論では株式と債券の割合が重要になるが、ここではそれも考慮する必要がない。確定拠出年金では投資（積立金額）の上限が定められている。それ以外の金融資産は各自で運用することになるが、その多くは預貯金だろう。資産の大半が債券（≒預貯金）であるならば、確定拠出年金でさらに債券ファンドを購入するのは無駄である。すべての資産は株式ファンドで運用すべきだ。

つづいて運用商品の選択であるが、たいていは日本市場や海外市場に広く投資するファンドから選ぶことになっている。ファンドの成績を比較したすべての調査結果は、アクティブファンドの平均的なパフォーマンスがインデックスファンドに劣ることを示しているから、統計学的に正しい投資をするのなら有象無象のアクティブファンドは最初から無視して構わない（かわいそうなことに、ファンドマネージャーは毎年サルと競争させられ、いつも負けている）。

確定拠出年金の正しい使い方

最後に残ったのはインデックスファンドの投資割合である。お金は日本で使うのだから、TOPIXのような日本株インデックスに投資したほうがいいのだろうか。それとも、すこしは海外の株式も持っておいたほうがいいだろうか。だがこれも、理論的に最適な比率をひとつに決めることができる。

２００６年当時は、確定拠出年金で海外株式を積み立てようとすると、日本市場以外の先進国の株式に投資する「ＭＳＣＩコクサイ・インデックス」に連動するファンドしかなかった。その後、新興国を含めた全世界市場に投資する「ＭＳＣＩオール・カントリー・ワールド・インデックス・ファンド（通称「オルカン」）」が登場した。

「経済学的に正しい投資法」は世界市場に投資することなのだから、なにも考えずに、全額をＭＳＣＩコクサイかオルカンに割り当てればいいのだ。

資産運用の手段にさまざまな制約がある確定拠出年金では、ほとんど一本道で「すべてのひとに最適な投資法」にたどり着く。これがぜったい正しいとはいわないが、少なくとも第一選択肢（それも圧倒的に有力な選択肢）にはなるはずだ。

これまで投資のことなんか考えたこともなかったのに、いきなり会社から「自己責任の時代なんだから自分で決めろ」といわれて戸惑っているひとがたくさんいる。会社側も、わざわざ研修会を開くなど投資教育に余念がないようだが、ほんとうはそんなことはなにひとつ必要ない。だって、最初から正解はほぼ決まっているのだから。

確定拠出年金の導入時に、社員にこの第一選択肢を提示すれば話は3分で終わる。それで納得したひとは、投資のことなんか忘れて仕事に専念できる。別の考え方をしたいひとには、会社がFPなりなんなりを紹介すればいい。こうすれば仕事の生産性は上がるし、わけのわからないことで悩まなくていいし、みんなハッピーだ。

何十万円も払って〝金融のプロ〟に講演を頼むのは、なにかあったときに「ウチはこれだけやってます」という言い訳が欲しいのだろうが、そんなのはお金と時間の無駄だ。〝権威〟が必要だというのなら、これこそが超一流の経済学者たちがお墨付きを与えた世の中でもっとも権威ある投資法なのだから。

3　為替リスク

輸出企業が為替で損するのはなぜ？

ここまでの話は、もちろん個人の資産運用にも応用できる。でもその前に、ひとつ解決しておかなければならない問題がある。

「金融資産の95％を海外の株式で運用するだって？　為替リスクが大きくて、そんなの話にならないよ」なんてことをいうひとがきっといるからだ。

外貨預金や海外の株式・債券など、日本円以外の資産を保有していると、円高になれば為替差損が発生する（逆に円安だと利益が生じる）。これが為替リスクだ。ソニーやトヨタなどの輸出企業も急激な円高で大きく利益を減らしたりするから、「為替リスクはおそろしい」ということになっている。これは間違っていないけれど、話はじつはもう少し複雑だ。

為替リスクは、為替先物や為替予約を使ってほぼ完全に回避することができる。それではなぜ、日本を代表する輸出企業が為替の変動で損失を被るのだろうか。

現在のような低金利では、ドル資産の為替リスクをヘッジしようとすると、ドルと円の金利差を常に支払わなければならなくなる。その結果、為替で損する心配はなくなるものの、金利の高いせっかくのドル建て資産が円建て預金並みになってしまう。そのため企業は、通貨の一部をわざとヘッジせず、利益を得る道を残しているのだ。

個人の資産運用も同じで、「為替ヘッジあり」のファンドに投資すれば、為替リスクを負わずに海外資産に投資できる。一見うまそうな話だが、この場合は円安になっても為替差益を受け取れないばかりか、為替レートが同じでも金利差の分だけ損することになる。

為替リスクをなくすと、金利差のメリットまで消えてしまう。投資の世界では、フリーランチ（ただ飯）はそう簡単に見つからないのだ。

「日本で暮らしているのだから、日本円の資産のほうが大事に決まっている」と、ほとんどのひとが信じている。もちろん、私たちの日々の暮らしは円建てで営まれている。だがこうした支出は、人的資本（労働力）から創出される円建て収入（給料）によって賄われるのがふつうだ。このキャッシュフローが問題なく循環しているのなら、余裕資金で行なわれる長期の資産運用が円というローカル通貨に拘束される理由はない。輸出企業と同様に、あまりに為替リスクをおそれると、そこからもたらされる収益機会を逃してしまうのだ（経済学ではこれを機会損失という）。

新版註：このことは２０２２年から急速に進んだ〝超円安〟によって現実のものとなった。「為替ヘッジあり」のファンドで海外株式に投資していたひとは、この大きな収益機会を逃すことになった。

金融資産の95％を外貨で運用

為替リスクは悪戯者の妖精に似て、理論的には存在しないにもかかわらず、ときに大きな災厄（あるいは利益）を投資家にもたらす。

理論上は、為替レートは各国の物価水準（購買力平価）によって決まる。相対的に物価の高い通貨が安くなるのだが、これは考えてみれば当たり前で、モノの値段が高くなったのに通貨の価値が変わらなければ、海外から安い商品を輸入していくらでも儲けられる。同様の理屈で、相対的に金利の高い通貨が安くなることで、どの通貨で運用しようが長期的には損も得もない、ということになる。

高金利の外貨預金にお金を預けても、円高になれば、為替差損によって日本円で預けたのとたいして変わらなくなる。逆に金利の低い通貨を保有していても、為替レートが上昇すればそこから利益（為替差益）が生まれる。

だが現実の為替市場は、この理屈どおりには動かない。１９７３年の変動相場制移行から1ドル＝80円台を突破した１９９５年の超円高まで、20年以上にわたって円の為替レートは一貫して上昇してきた。だがそれ以降は、日銀の極端な低金利政策にもかかわらず円安が進み、98年8月には１４０円台を大きく割り込んだ。その後も1ドル＝１００〜１３０円の範囲で変動しているから、この間、ドル資産を保有したほとんどの投資家が金利差のメリットを享受できたことになる。

長期的には、為替相場は購買力平価に収斂する。短期的には、為替の変動から利益や損失が生じる。とすれば、長期の資産運用において為替リスクをヘッジすることは、為替相場において円高に賭けるのと同じことになる。個人の資産形成では、円建てか外貨建てかにかかわらず、最適な資産を保有するべきなのだ。

アメリカの個人投資家はファイナンスの専門家から、「株式の半分は海外市場に投資しましょう」といわれている。日本では、個人の海外資産の保有比率はわずか2％程度だ。そこで、日本人ももっと外貨建て投資に積極的にならなければならない、とよくいわれる。

では、どれだけ外貨建て資産を持てばいいのだろう。せめて１割、それともアメリカ並みに半分程度だろうか。

なぜか日本のほとんどの〝専門家〟が誤解しているが、海外投資の比率は適当に決められているわけではない。米国株式市場の時価総額は世界市場の半分を占めるから、アメリカの個人投資家は資産の５割を海外市場に投資することで世界市場ポートフォリオを保有できる。同様に、日本の個人投資家が世界市場に最適投資をするためには、**金融資産の95%を外貨建てで運用しなければならない。**

もっとも、アメリカの資産運用理論を金科玉条のごとく押しいただく〝専門家〟たちのなかにも、こんなカゲキな主張をするひとはだれもいない。論理的に正しいことが、多くのひとに受け入れられるとはかぎらないのである。

新版註：こうした主張は２００６年当時はほとんど受け容れられなかったが、超円安や新ＮＩＳＡの影響もあり、最近では日本株よりも海外市場に投資するのが主流になってきたようだ。

4　トーシロ投資法

「トーシロ投資法」の基本的な考え方

ここで、株式投資の代表的な手法のメリットとデメリットをまとめておこう。

①　トレーディング（デイトレードを含む）

メリット：ゲーム性が高く、いちどハマるとやみつきになる。

デメリット：ゼロサムゲームなので、初心者の大半は敗退していく。

②　個別株長期投資（バフェット流投資法）

メリット：資本主義の原理に忠実なので、もっとも大きな利益が期待できる。

デメリット：企業調査に時間と努力が必要。

③　インデックス投資（経済学的にもっとも正しい投資法）

メリット：あまりにも簡単で考える必要すらない。

デメリット：平均的にしか儲からない。

どの投資手法にも一長一短があるのだが、株式投資の世界にはそれぞれの派閥に原理主義者がいて、互いに罵《のの》り合っている。

トレーディング派は個別株長期投資派を鈍重と嘲《あざけ》り（企業研究なんかいくらやったって、株価はそんなことで動いてるんじゃないよ）、インデックス派の低いパフォーマンスをバカにする（1年で資金が倍にならなきゃ投資じゃない）。

長期投資派はトレーディング派をギャンブル依存症と蔑《さげす》み（いちど医者に診てもらったほうがいいんじゃないの？）、インデックス派をことなかれ主義者と哀れむ（平均点で満足なら人生の楽しみはどこにあるの？）。

それに対してインデックス派は、デイトレーダーやバフェット崇拝者を数学と統計学がわからない無知蒙昧の輩と決めつけている（これだからバカとつきあうのは疲れるよ）。

私は投資における原理主義を否定しないが、ひとつの手法に忠誠を誓う必要もないと思う。投資家は主義主張を争っているわけではなく、最後はより効率的に儲けたひとが正しいのだ。

どこに資金を投入すべきか？

もしあなたが投資に娯楽を求めているのなら、トレーディングが最高の機会を与えてくれるだろう。ただし負ける確率のほうが高いから、競馬やパチンコと同じ感覚で、ぜんぶすってもいいお金で楽しむべきだ。

投資家として生きていくことを選んだのならば、バフェット流の個別株長期投資が富を創造するベストの方法である。だが実際にやるとなったら財務分析の基礎から勉強しなければならないし、そのうえ日本企業にしか投資できないだろうから、成功するためには長期にわたって日本経済が成長していくことが条件になる（外国企業で割安株投資を行なうことも理屈のうえでは可能だが、現地の投資家より優位に立つことはかなり難しい。バフェットですら、不案内な外国企業にはほとんど投資していない）。

自営業者でもサラリーマンでも、あなたが投資以外に別の仕事をしていて、余裕資金を株式市場で運用しようと考えているならば世界市場ポートフォリオを勧めたい。目の覚めるような運用成績は期待できないが、面倒なことはなにひとつ考えなくていい。それによって生まれた時間は、仕事であれ趣味であれ、もっと有効なことに使えばいい。

「トーシロ投資法」では、この3つの手法のメリットとデメリットを組み合わせて自分なりに楽しむことを提案したい。

少額の資金をアグレッシブに投資するなら、先物や信用取引でレバレッジをかけてみたい。日本のバフェットを目指して、選び抜いた少数の銘柄を長期で保有するのもいいだろう。このように、本人のやる気や資金額によって投資手法はさまざまなのだが、もしもあなたが初心者で、これから株式市場を体験するのなら、リスクのとれる金融資産の８割を世界市場ポートフォリオに投資し、残りの2割をトレーディングや個別株投資に割り当てるくらいが基本になるだろう。

資産運用の基本設計は債券がベースになる。２０２４年8月現在で日本国債（10年債）の年利回りは０・９％だから、１００万円を投資すれば10年後に約１０９万円になる。米国債（同）の年利回りは３・９％で、1万ドルが10年で約1万４７００ドルに増える。インフレに対する資産の保全が目的なら、全資産を日本国債（物価連動国債）か米国債（あるいはその組み合わせ）で運用すればいい。それ以上の利回りを目指すのであれば、株式市場でリスクをとる以外にない。

株式と債券の保有比率はアセットアロケーションの第一歩だが、そこに正解はない。人生と同じく、投資のゴールも自分で決めるしかない。

ここで問題になるのが、世界市場ポートフォリオのパフォーマンスとリスクだ。次にそれを検討してみよう。

5　世界市場ポートフォリオ

パフォーマンス

ＭＳＣＩワールド・インデックスはモルガン・スタンレー社が提供するインデックスのひとつで、主要先進国の株式市場の時価総額を指数化したものだ。１９８７年12月を１００ポイントとし、２００６年１月には３２５ポイントまで上昇しているから20年弱で３倍強になったことになる。バブル崩壊によって日本の株価は３分の１にまで下がったが、その間にも世界市場は年率約６・７％で成長をつづけていた（87年12月のドル円レートは１２３・40円だから、円ベースで調整しても年率約６・５％になる）。

２００６年以降を見ても、２０２４年８月までの20年弱で、指数はやはり３倍弱になっている。１９８０年代後半からの40年間に、ＩＴバブルとその崩壊、９・11同時多発テロ、リーマンショック、コロナ禍やウクライナ・ロシア戦争などさまざまな出来事があったが、世界市場ポートフォリオは着実に利益を積み上げていたのだ。

リスク

では次に、投資のリスクを見てみよう。

世界市場ポートフォリオで運用した場合、月次ベースでもっとも損失の大きかったのが98年8月のロシア危機でマイナス14・15％、年次ベースではITバブル崩壊後の2001年と2002年で、ともに下落率は20％を超えている（翌2003年には43・05％の大幅な上昇で損失のすべてを回復した）。最大損失として、一時的に投資資金の2割以上が失われる可能性があることを覚悟しておいたほうがいい。――と書いたが、2008年のリーマンショックと世界金融危機で、下落率50％超という想定外のことが起きた。とはいえ、2014年には株価は最高値を更新しているから、「100年に一度の危機（アラン・グリーンスパン）」は、ドルコスト平均法で積み立て投資する長期投資家にとっては絶好の投資機会になった。

金融機関のリスク管理では、一般に標準偏差が用いられる。本書では詳しく説明しないが、「標準偏差の2倍を超える出来事は5％の確率でしか発生しない」という便利な性質があるからだ。

〝長期投資のグル〟ジェレミー・シーゲル（ペンシルバニア大学名誉教授）によれば、1802年からの約2世紀でアメリカの消費者物価は約10倍に値上がりしたが、最初の年に米国債に1ドル投資すれば、200年後には1万ドルになった。それに対して1802年に株式インデックスに投資したひとがいたとするならば、最初の1ドルはなんと750万ドルに増えたことになる。株式投資は、なにもしなくても、ほぼ二世代で億万長者を生み出すパワーを持っているのである。

ファイナンス理論からいえば、世界市場ポートフォリオはリスクに対するリターンがもっとも高い効率的投資法である。もしあなたに投資リスクを受け入れる用意があるのなら、資産の全額を株式で運用するのもひとつの有効な戦略となるだろう。

6 トーシロ投資法vs.プライベートバンク

プライベートバンクは、富裕層を顧客にさまざまなサービスを提供するちょっと謎めいた金融機関である。ライブドア事件などで耳にする機会も増えたが、お金持ちの資産運用が本来の仕事だ。いったん顧客になれば、最高水準のプロフェッショナルが世界中の金融市場で最適な投資を行なってくれる（ことになっている）。これが現時点で、個人が望みうる最高の金融サービスだろう。そこで最後に、プライベートバンクと我らが「トーシロ投

	設定来	10年	5年
プライベートバンク	5.7%	5%	−2.9%
世界市場ポートフォリオ	6.3%	5%	−1.4%

資法」を比較してみたい。

プライベートバンクは顧客以外にサービス内容を教えないが、たまたま手元にスイス系銀行の一任勘定の運用データがある。名前を聞けばだれでも知っている大手金融機関で、最低預金額は100万ドル（2006年のレートで約1億2000万円）である。

一任勘定は「債券」「債券と株式のバランス型」「株式」の3種類に分かれているが、ここでは株式ポートフォリオと世界市場ポートフォリオとを比較する（運用データは1991年から2004年9月までの約13年間なので、これを「設定来」とする）。

上の表を見るとわかるように、プライベートバンクの一任勘定は、90年代後半の強気相場で積極的に投資したものの、ITバブル崩壊で損失を被り、設定来13年間の運用成績では世界市場ポートフォリオに年率0・6％の差をつけられている。1991年に1億円をこのプライベートバンクに預けると、2004年には2億4000万円になった。同じ金額を世界市場ポートフォリオで運用すれば、2億1600万円になっている。ということは、〝世界最高〟の資産運用サービスは、インデックスファンドで適当に運用し、サービス料金として1200万円をふんだくったのとなんら変わりないことになる。プライベートバンクの顧客になったという自己満足のために年間100万円ちかい手数料を支払うのは自由だが、一般的にはこれを賢い投資とはいわないだろう。

そのうえ「トーシロ投資法」には、あなた自身が自由に運用する2割のアクティブ部分がある。デイトレードであれ、個別株長期投資であれ、ここで市場平均を上回るパフォーマンスを達成できれば、ポートフォリオの運用成績はさらに上がるだろう。

このようにしてど素人のあなたでも、スイスの超一流プライベートバンクを上回る運用成績を実現することができる。信じられないと思うかもしれないが、これが「経済合理的」ということなのである。

＊ちなみに、他のプライベートバンクでも一任勘定では大半がインデックスを上回れない。プライベートバンクが特別な運用能力を持っているというのは、たんなる幻想である。

新版註：その後、プライベートバンカーとはつき合いがなくなったので、最近のデータはないが、同じようなものだろう。

第7章から第8章のまとめ

世界市場ポートフォリオに投資する方法として、いまなら「オルカン」があるが、先に述べたように、本書の親本では日本市場を除いた先進国の株式市場に投資するMSCIコクサイ・インデックスに連動するファンドを紹介した。

グローバルなマーケットのうちアメリカの株式市場が占める割合は6割を超えているので、世界市場ポートフォリオの代替として、S&P500インデックスに連動するファンドやETF（上場型投信）を使ってもいい。

2006年当時は、国内の証券会社では海外の株式をまだ自由に取引できなかったので、アメリカのネット証券に直接、口座を開く方法も紹介したが、その後、国内のネット証券のサービスが急速にキャッチアップしたので、いまではわざわざ海外の金融機関に口座を開く理由は（留学や駐在などの事情がある場合を除けば）ほとんどなくなった。

第9章　臆病者のための新NISA活用術

「失われた30年」で常識が変わった

ＮＩＳＡ（ニーサ）はイギリスの個人貯蓄口座（ＩＳＡ）をモデルに、２０１４年1月に始まった少額投資非課税制度（日本版ＩＳＡ）で、２０１８年に「つみたてＮＩＳＡ」が加わり、10年目を迎えた24年1月から制度が大幅に拡充された。ＮＩＳＡの最大の魅力は株式やファンドの配当・分配金や譲渡（売却）益が非課税になることで、簡単にいえば、政府が国民に向けて、「税金を払わなくてもいいようにしますから、自分で資産形成してください」と促す制度だ。

これまで日本人の老後は、国と会社の年金によって〝悠々自適〟が約束されてきた。税優遇のある資産形成制度の導入が遅れたのは、収入の一部を投資に回せる富裕層だけにメリットがある仕組みだと思われ、多くの国民が不公平に感じると懸念したからだろう。

だが少子高齢化によって年金制度を支える現役世代の数が減り、受給者の数だけが増えることで、いまや制度の持続可能性が揺らいでいる。１９５０年には65歳以上1人に対して15～64歳人口が12・1人だったが、40年後の２０６５年にはそれが1・3人になる。1人の現役世代が、子育てと親の介護をしながら、さらに高齢者1人を支えなければならないのだ。

日本人の価値観の大きな転機は、2019年に金融庁が公表した報告書「高齢社会における資産形成・管理」だろう。

金融庁のこの報告書では、年金のみで暮らす高齢夫婦世帯の平均をもとに、「老後20〜30年間で約1300万円〜2000万円が不足する」と試算された。これがパニックのような騒動を引き起こしたのは、「老後の面倒は国が見てくれる」という暗黙の了解が否定されたと多くの国民が感じたからだろう。

報告書の趣旨は、老後を安心して暮らすには国民一人ひとりの資産形成が重要だというたって真っ当なものだった。冷静に考えれば、人生100年が現実のものとなりつつある超高齢社会で、「20歳から60歳まで40年間積み立てた年金保険料で、60歳から100歳までの40年間の生活がすべて賄える」などというまい話があるわけがない。

こうして、「新しい資本主義」を掲げる岸田政権でNISA制度が大幅に拡充されたときには、もはや「金持ち優遇」などという声はどこからもあがらなかった。バブル崩壊後の「失われた30年」は戦後日本の多くの常識を掘り崩していったが、年金のみに依存した老後の人生設計がもはや成り立たないという〝不都合な事実〟も、ようやく受け入れざるを得なくなったのだ。

「老後」を短くすればいい

岸田政権は人口減に歯止めをかけようとしているが、健康保険や介護保険の赤字から独居高齢者の増加、孤独死にいたるまで、超高齢社会の負の側面はこれからさらに顕在化してくる。社会保険料を際限なく引き上げて現役世代に負担を押しつけると、少子化がさらに加速してしまう。

だからといって年金支給額を減らすと、高齢の生活困窮者が大挙して生活保護を申請して制度が破綻する。現役世代の負担と高齢世代への給付のバランスは、一歩踏み外せば奈落に堕ちる綱渡りのようなものなのだ。

老後問題というのは「老後が長すぎる」という問題なので、それを解決するもっとも簡単な方法は老後を短くすることだ。人生100年時代に60歳でリタイアし、年金生活を始めると老後は40年もある。

だが80歳まで働けば老後は20年、医師の日野原重明さんのように105歳まで現役で活躍すれば「老後問題」そのものが存在しなくなる。――毎月10万円の収入でも年120万円、10年で1200万円、20年で2400万円だから、これだけで「老後2000万円問題」は解決してしまう。

このように考えれば、長期の資産形成はけっして若者のためのものだけではなくなる。65歳になっても年金受給を繰り下げて働き、その収入の一部をＮＩＳＡで積み立てれば、80歳や90歳になったときにその果実を無税で受け取ることができる。対して60歳でリタイアし、繰り上げ受給で減額された年金以外の収入がなければ、あらたな資産をつくることはできないだろう。

格差の拡大が引き起こす社会・経済問題をどのように解決するかという困難な問いを脇に置いておけば、重要なのは、健康が許すかぎり楽しく働き、資産形成を続けることだ。「生涯現役」や「貯蓄から投資へ」という政府の掛け声を毛嫌いするひとがいるが、北欧などリベラルな福祉国家も含め、先進国はすべて同じ方向に向かっている。もはや〝自助〟なしに、高齢社会に対応することはできないのだ。

月3万円で1億6300万円

ＮＩＳＡのメリットがどれほど大きいか、簡単な試算をしてみよう。

ファイナンス理論では国債は「無リスク（安全）資産」で、元本と利払いが国家によって保証されている。それに対して株式投資は元本の保証がなく、リスクが高い分だけ平均的には国債よりリターンが大きくなるはずだ。

このリスクプレミアムは5％程度とされ、長期国債の金利を2％とすれば、株式市場に長期に投資した場合の期待リターンは7％になる（合理的な投資家は、5％ほどのプレミアムがないと株式に投資せず国債を保有する）。

これを「机上の空論」と思うかもしれないが、アメリカの株式市場の代表的な指標であるS＆P500（大手企業500社の時価総額を指数化したもの）の過去10年の平均リターンは年率10％を超えている。アメリカの株価はグローバル株式市場にほぼ連動するので、世界経済が今後も年率7％程度の成長を続けるという予測はさほど大胆なものではない。

20歳の若者が月額3万円を世界株式に積み立て、年平均7％で運用できたとすると、10年で元金の360万円は約520万円になる（利益は160万円、収益率44・4％）。NISAならこの全額を受け取れるが、（課税対象になる）特定口座だと譲渡益に20％（＋復興特別所得税）の税金がかかり、約32万円を納めることになる。

長期投資の最大のメリットは、複利の力によって、投資期間が長くなればなるほど利益が雪だるま式に膨らんでいくことだ（アインシュタインは複利を「人類最大の発明」と呼んだとされる）。

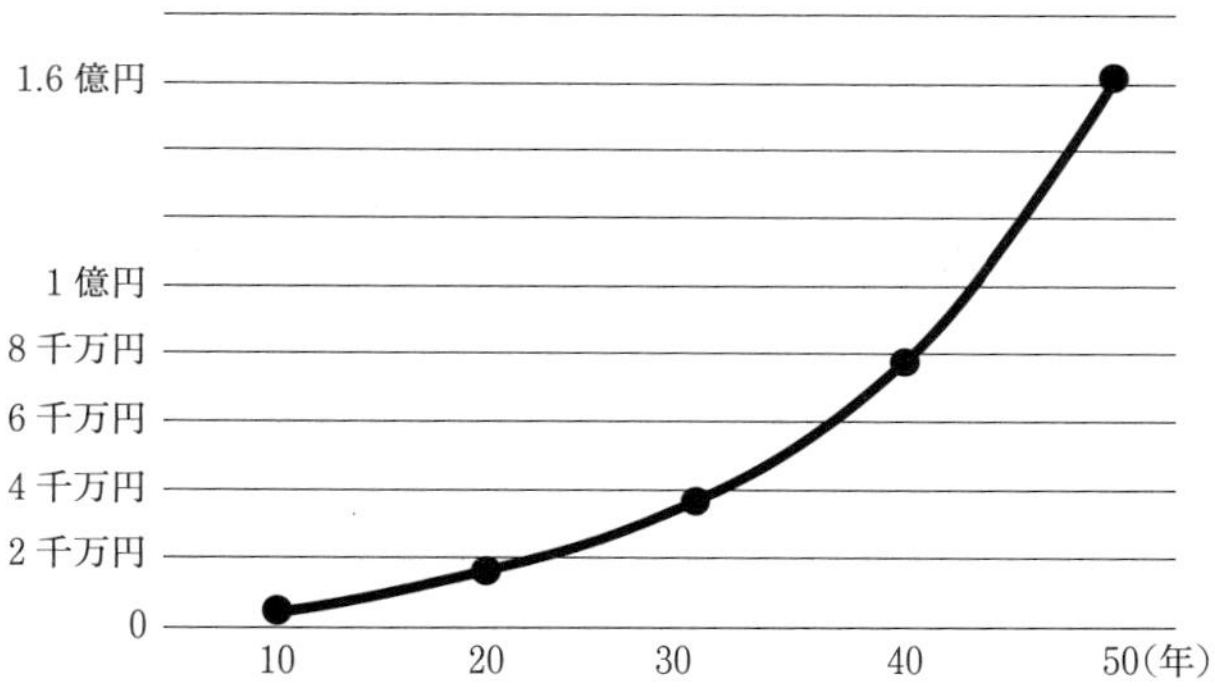

表1 毎月3万円の積み立てを利回り7%で50年間運用したら

ＮＩＳＡの非課税保有限度額は１８００万円なので、この若者が50年間、月3万円の積み立てを続けたとすると、投資元本（１８００万円）に対して資産は9倍の1億６３００万円、利益は1億４５００万円に（理論上は）なる。――表1でわかるように、月額3万円の積み立てでも、運用期間が長期になるにしたがって利益は急速に増えていく。これが複利のパワーだ。

ところが課税口座だと、この利益に対して２９００万円もの税金を払わなければならない。さらには、株式やファンドの配当・分配金にも税金がかかるが、ＮＩＳＡではこれも非課税なので、全額を再投資に回すことができる。そう考えれば、ＮＩＳＡが断然有利な制度だとわかるだろう。

もちろんＮＩＳＡには、1年間に非課税で投資できる上限（成長投資枠と合わせて360万円まで）が決まっているとか、信用取引で投資にレバレッジをかけたり、空売りができないとか、損失が出たときに他の譲渡益と損益通算できないなどの制約がある。だがこれらはかなりの資産を運用するセミプロ投資家にとっては重要でも、老後のために資産形成したいふつうのひとたち（あなた）にとってさしたる意味はないだろう。

そうなると、「NISA以外で株式投資をする理由はあるのか」という単純な疑問が生まれる。そのシンプルな答えは「なにもない」だ。

余裕資金はすべてNISAに

月々3万円の積み立てでも、NISAなら50年で3000万円ちかい税金が非課税になる。譲渡益や配当・分配金に税金を払いながら、信用取引や空売りでそれ以上の利益を出せるひともいるかもしれないが、運用益に20%（分離課税）から50%超（所得税・住民税の最高税率）の税がかかる以上、ほとんどの投資家はどんなに頑張っても税コストを埋めあわせることはできないだろう。

「投資の収益に対して税金を払わなくていい」というNISAのメリットはあまりに大き

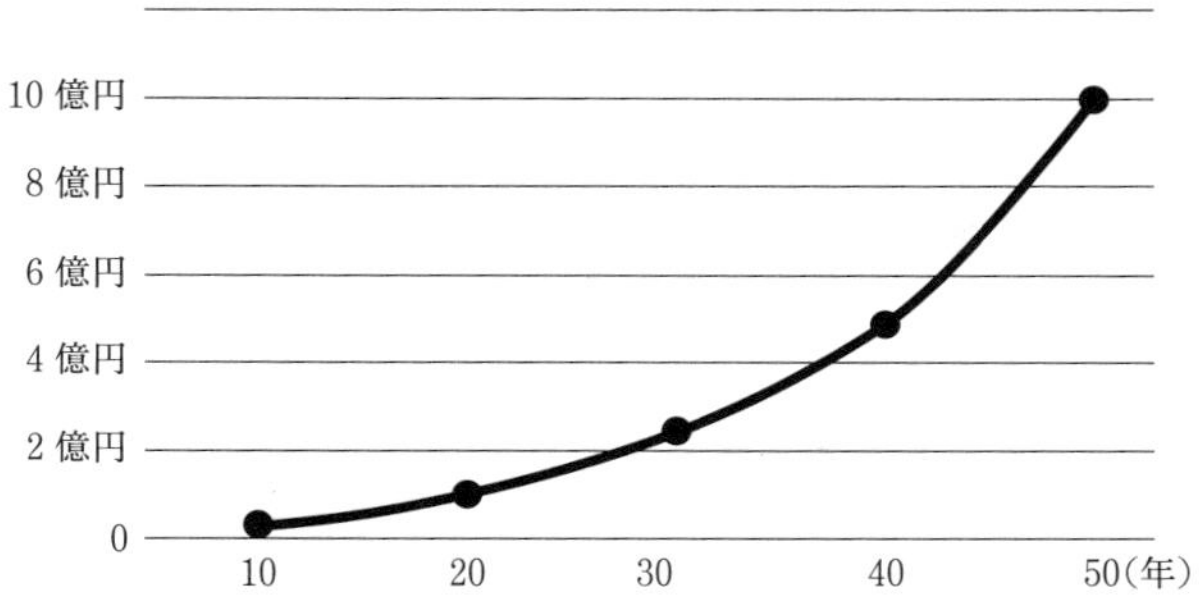

表2 毎月20万円を利回り7%で30年間積み立て、その後も運用を続けたら

いので、課税口座での株式投資だけでなく、不動産や金の現物取引など、それ以外の投資をすべて無意味にしてしまう。今後は、「余裕のある資金はすべてNISAで運用する」というのが資産形成の王道になるだろう。

NISAの口座は18歳以上で開設できるので、これがどれほどのパワーをもつか、夫婦と子ども2人で月20万円（5万円×4人）を積み立て投資するケースで試算してみよう。

もちろん夫婦2人で10万円ずつ積み立てても同じことだが、子ども1人あたり年間110万円までの贈与は非課税なので、子どものNISA口座で運用すれば、非課税で資産を贈与することができる。

――この場合、最初の30年間で非課税の保有限度額（1800万円×4人）に達するので、それ以降は積み立て無しの運用のみになる。

現実には「夫婦で三十代からNISAへの積み立てをはじめ、子どもが18歳になったら口座を開設する」という順番になるだろうが、一家4人で同時にNISA口座を開設し、それぞれ月5万円を積み立てる簡略化した試算をすると、年利回り7%という保守的な想定でも、投資元本の7200万円に対して50年後の世帯資産はおよそ10億円（9億8541万円）になる。利益は9億1000万円、節税額はこれに20%をかけた1億8000万円だ。

NISAはいつでも解約できるが、この（かなり極端な）試算からは、いったん積み立て投資を始めたら、長く続ければ続けるほど複利と非課税の効果が大きくなることがわかる。それと同時に、資産形成にこれほどのパワーがあるのだから、それ以外の投資に資金を配分する理由がないことも理解できるだろう。

不動産投資はこう考えろ

マイホームの購入とは、ファイナンス理論的には住宅ローンでレバレッジをかけた不動産投資だ。

資産運用の大原則は分散投資だから、すべての金融資産を借金までしてひとつの不動産に集中させる（タマゴをひとつのカゴに盛る）投資戦略が正しいとは言い難い。NISAを解約してマイホームの頭金にすることを考えているひともいるだろうが、これはせっかく非課税で運用していたものを、よりリスクの高い課税資産に換えることで意味がない。

「家賃を払いながらNISAで積立てする余裕などない」というひともいるだろうが、その場合は、マイホームに一極投資するよりも、オフィスビルや商業施設、マンションなどの不動産資産に投資するREIT（リート）をNISAで保有し、非課税で受け取った分配金を家賃に回したほうが合理的だ（もちろん株式ファンドの分配金でもいい）。これだと多数の不動産に分散投資でき、天変地異で住んでいる家が全壊しても、生命さえ無事なら、賃貸契約を解約して別の家を借りるだけで済む。

日本では不動産を使った節税が流行しているが、これも無意味になる。

年間110万円までの非課税の贈与は、子どもだけでなく、子どもの配偶者や孫にも適用される。このケースで2人の子どもが結婚し、それぞれに孫が2人できたとすると、贈与対象者は8人（子ども2人、子どもの配偶者2人、孫4人）になるので、年880万円を非課税で贈与できる。これは1人あたりなので、父親と母親の2人から贈与するなら年1

760万円、子どもから孫への贈与を加えると、さらに440万円が非課税で贈与できることになる。

子どもだけでなく孫が18歳になったときもNISA口座を開設し、そこで積み立て投資をすれば、相続税負担を最小化しつつ、家族全体の資産を最大化できるだろう。

高級車やブランドものを買うためにNISAを解約するのは、マイホームの頭金にするよりさらに馬鹿馬鹿しい。病気の治療とか、子どもの留学費用ならともかく、NISAの口座にある資産は存在しないものと見なし、収入の範囲でやりくりするのが原則だ。それでも家計が苦しいなら、まずは共働きなどで世帯収入を増やすことを考えるべきだろう。

なおNISAのほかにも、税優遇のある制度にはiDeCo（イデコ）、国民年金基金（自営業者など国民年金加入者のみ）、小規模企業共済（中小企業経営者や個人事業主のための退職金制度）などがある。

このうちiDeCoは掛金を自分で選んだファンドで運用できるので、仕組みとしてはNISAに似ている（国民年金基金と小規模企業共済は確定給付で、元本と年利1・5％程度の利回りが保証されている）。大きな違いは、掛金が所得控除できる一方、一定の金額を超えると一時金や分割払いに課税されることだ。

ここでは詳細な計算は示さないが、売却益が全額非課税になるメリットがあまりに大きいので、一般的には、iDeCoで所得控除をするよりも余裕資金はすべてNISAに投入したほうが有利なケースが多い。ただし、iDeCoの掛金上限が少ないサラリーマンなら、所得控除を使って納税額を減らし、可処分所得を増やしてもいいだろう。

成長投資枠は無視してよい

NISAには「つみたて投資枠（年間投資枠120万円）」のほかに「成長投資枠（同240万円）」があり併用が可能だ。非課税保有限度枠は1800万円なので、成長投資枠とつみたて投資枠を合わせて年間360万円を投資するなら5年で枠はいっぱいになる。ただし、保有資産を売却すると翌年の投資枠を空けることができる。月10万円ずつ積み立てて15年でNISAの投資枠（1800万円）を使い切るのではなく、成長投資枠を合わせて月30万円ずつ積み立て、5年で投資を終えるという考え方もあるだろう。

成長投資枠は、変動率の大きな（ハイリスク・ハイリターンの）個別株を購入し、利益が出たら売却する短期の取引に向いているが、ここでは投資の素人でも気軽にできるNISA利用術として、成長投資枠は無視して積み立てだけを行なうことを提案したい。安く買った株を高く売れば利益が出るが、それが簡単にできるなら株式投資家はみな大富豪になっているはずだ。金融市場は複雑系で、どんな天才も未来の株価を正確に予測することはできない。

だがより重要なのは、金融商品の選択には「時間コスト」がかかることだ。巷には、財務諸表を精読したり、チャートを分析したりする「投資必勝法」が溢れている。このすべてが役に立たないとはいわないが、投資する銘柄を選択し、買い時と売り時を判断するにはかなりの時間を費さなくてはならない。

稀少な時間資源を投資に使えば、それによって別のこと（仕事、勉強、趣味、家族・友人との交遊など）に割く時間がなくなってしまう。個人資産30兆円を超えるイーロン・マスクのような大富豪でも、1日は24時間しかない。現代社会では、やりたいこと、やらなくてはならないことがどんどん増えている。だからこそ若者は、時間をすこしでも有効に使おうと映画を1・5倍速で観て、タイパ（タイムパフォーマンス）を上げようとするのだ。

投資が好きで銘柄研究やチャート分析が面白いのなら、それに多くの時間をかけてもよいだろう。だが金融市場の仕組みにさしたる興味も知識もないふつうのひと（あなた）が、どの株式やファンドに投資するかの判断に多くの時間資源を費やすのは無駄だ（時間をかけてもパフォーマンスが上がるわけではない）。

そんなときは、長期に積み立てる金融商品を最初に決めてしまおう。それをクレジットカード払いにしておけば、資金を証券口座に移す手間もかからないしポイントも貯まる。あとはなにもする必要がないから、残った時間はすべて自由に使える。

そんなにうまくいくのかと思うかもしれないが、幸いなことに、このあと説明するように、ファイナンス理論の原則によって、ＮＩＳＡの積み立てで選択するファンドは４本に絞ることができるし、そのうちどれを選んでも大きなちがいはない。

もっともシンプルな戦略は？

ここまで述べてきたように、世界の株式市場は年率７％程度で拡大していくと期待できる。だとしたら、もっともシンプルな戦略は市場に上場するすべての銘柄に時価総額に応じて投資することだ。

投資業界の〝不都合な事実〟は、ファンドマネージャーが運用するアクティブファンドのパフォーマンスが、平均すれば、市場平均を一貫して下回っていることだ。

株式市場には機関投資家やヘッジファンド、トレーダーなどさまざまな参加者がいて、その取引を平均した指標が「株式インデックス」になる。この単純な前提から、すべての投資家のパフォーマンスの平均は、取引手数料や運用手数料のコスト分だけ、（コストを含まない）市場平均を下回ることになる。

このことは1970年代に数学的に証明されていて、ノーベル経済学賞の対象になり、それから半世紀以上、その正しさが証明され続けている。長期で見れば、市場の平均に投資する手数料率の低いインデックスファンドのパフォーマンスは、（数学の天才たちが集まった一部のヘッジファンドを除けば）それ以外のあらゆる金融商品や投資戦略を上回るのだ。

だとしたら、34年ぶりに最高値を更新した日本株のインデックスファンド（日経平均やTOPIX）に積立投資すればいいのだろうか。だが、「日本人なら日本株に投資するのが安全」という常識は、日本円の為替リスクを考慮していない。

2024年6月には1ドル＝160円を超えて〝超円安〟が騒がれたが、これは円の購買力が弱くなっていることを意味する。ドル建てで100ドルの商品は、これまでなら1万円で買えたが、1ドル＝150円とすると1万5000円出さないと売ってもらえない。

その結果、エネルギーなどの輸入価格が上昇し、それが国内の商品・サービス価格に転嫁されて物価が上がっている。

だがこのとき、資産のすべてをドルでもっていたらどうなるだろう。かつての100ドルは1万円相当だったが、いまでは1万5000円相当の価値がある。円建ての物価が上がっても、ドル払いならかえって割安になるからこそ、「安いニッポン」に世界中から観光客が殺到しているのだ。

ほとんどの日本人は、日本に暮らして、日本企業で働いて、日本円で銀行預金している。さらにはマイホームとして日本の不動産を所有しているのだから、日本円に対するリスクが過剰で、大幅な円安になればインフレで大きな損失を被ってしまう。そう考えれば、日本人が日本株に投資してさらに日本円のリスクを増やす合理的な理由はない。

こうした観点からよくできているのは、「MSCIコクサイ・インデックス」に連動する投資信託だ。日本株を除く海外先進国の株式に分散投資する商品で、かつては日本の証券会社を通じて海外に分散投資する定番商品だった（ちなみに過去10年間の運用収益は年率14%台）。

「オルカン」の愛称で知られる「eMAXIS Slim全世界株式」は、先進国だけでなく中国、インドなど新興国を含むＭＳＣＩオール・カントリー・ワールド・インデックス（ＡＣＷＩ）に連動した投資信託だ。「ｅＭＡＸＩＳ Ｓｌｉｍ全世界株式（除く日本）」は日本株を外しているので、円のリスクを避けるならこちらを利用してもいい（ただし、世界市場に占める日本株の比率は５％程度なので、パフォーマンスはそれほど変わらないだろう）。

世界市場の代替としてアメリカ株に投資してもいい。定番はＳ＆Ｐ５００インデックスに連動したファンドで、〝投資の神様〟ウォーレン・バフェットも、（自分が運営するファンドを除けば）個人投資家はアクティブファンドやヘッジファンドに手を出さず、手数料率の安いＳ＆Ｐ５００のインデックスファンドに長期投資すべきだと説いている。

テクノロジーがこれからの世界を変えていくと考えるなら、ハイテク銘柄が集まるナスダック市場のインデックス（ナスダック１００）に連動するファンドがいいだろう。これならＧＡＦＡやテスラはもちろん、エヌビディアのような生成ＡＩ関連銘柄にも投資できる。

株価の上昇・下落を気にしない

このように、ファイナンス理論に従って合理的に考えていくと、NISAで積み立てるファンドの候補はほぼ4つに絞られる（もちろん、これらを組み合わせてもいい）。そしていったん投資対象を決めたら、運用益をこまめにチェックするようなことはせず、相場が上がろうが下落しようが気にせず続けることだ。

素人が株式投資で失敗するのは、株価が下落したときに怖くなって売ってしまうことだ。個別株は会社が破綻して紙くずになるリスクがあるので、この不安には（それなりの）根拠がある。「大損するかもしれない」と思いながら日々を過ごすのは精神衛生上もよくないだろう。だが世界株インデックスファンドの場合、個別株とちがって、それが紙くずになるのは株式市場が消滅するときで、おそらく人類は絶滅しているし、あなたも生きてはいないだろう。

もうひとつ、積み立て投資のメリットは株価が下落したときに同じ積み立て額でより多くの株式を購入できることだ。これはある種の錯覚で、複利の効果を考えれば、投資期間を長くするために一括投資すべきとの考え方もあるが、このような「マインドセット」にしておけば、すくなくとも株式市場が暴落したときの〝心理的安全性〟は高まるはずだ。

2024年8月5日に日経平均は4451円（12・4％）の「歴史的急落」となり、S

&P500も3営業日で336ポイント（6%）下落した。

2008年のリーマンショックと世界金融危機では、S&P500ですら半値まで下がった。その後、大恐慌には至らずすぐに回復した（結果的には投資の絶好の機会になった）とはいうものの、高齢の投資家は心臓に悪かっただろう。

人間が使えるお金には物理的な限界があるし、年を取れば美食や豪華ホテル、ブランドにも興味が失われていくだろう。ここではかなり極端な試算を示したが、ほとんどのひとの目的は老後を経済的な不安なく暮らすことだろうから、もうこれくらいで十分だと思ったときは資産の一部を債券ファンドに換えたり、投資の果実を無税で現金化して円やドルの預金にしておけばいいだろう。

参考文献　さらに詳しく知りたいときは、この本を読もう。

トマス・J・スタンリー、ウィリアム・D・ダンコ『となりの億万長者　成功を生む7つの法則』斎藤聖美訳／早川書房

富裕層研究の第一人者がアメリカのお金持ちを徹底的に取材し、富を築いた秘密を明らかにしたロングセラー。2人が発見したのは、お金持ちは六本木ヒルズのような億ションではなく、庶民的な町で質素に暮らしていることだった。なぜなら、お金を使うと、お金は貯まらないから。時代が変わっても、これが「お金持ちになる」ための永遠の真理だ。

ピーター・L・バーンスタイン『証券投資の思想革命　ウォール街を変えたノーベル賞経済学者たち』青山護、山口勝業訳／東洋経済新報社

ファイナンス理論は、1952年から73年までのわずか21年間で完成した。多士済々の経済学者がしのぎを削る姿を大河ドラマのように描いて飽きさせない。そもそも本書は、この名著の内容をわかりやすく紹介しただけだ。続編の『アルファを求める男たち　金融理論を投資戦略に進化させた17人の物語』（山口勝業訳／東洋経済新報社）では、ファイナンス理論が資産運用の実務にどのように受け入れられていったかが描かれる。

アリス・シュローダー『スノーボール 改訂新版　ウォーレン・バフェット伝』伏見威蕃訳／日経ビジネス人文庫

〝投資の神様〟バフェット公認の伝記。投資戦略や人生哲学が詳細に語られている。ファンダメンタル投資に挑戦するのなら、まずは本書を読んで、自分に同じことができるか考えてみるといいだろう。

エドワード・O・ソープ『天才数学者、ラスベガスとウォール街を制す　偶然を支配した男のギャンブルと投資の戦略』望月衛訳／ダイヤモンド社

数学者のソープは20代のときに、ブラックジャックでカジノに勝つ方法を数学的に証明し、自らギャンブラーとなって検証するだけでなく、カードカウンティングのやり方を誰でも使えるよう本に書いて発表し、ベストセラーになった。これでラスベガスを追い出されたソープはウォール街（金融市場）のほうがより巨大なカジノであることに気づき、転換社債の価格の歪みから利益を得るヘッジファンドをつくって巨額の富を手にした。ラスベガスとウォール街を攻略した〝最強のハッカー〟の自伝。金融市場というカジノで短期のトレーディングをしてみたいなら、これもまずは本書を読んで、自分に同じことができるか考えてみるといいだろう。

グレゴリー・ザッカーマン『最も賢い億万長者　数学者シモンズはいかにしてマーケットを解読したか』水谷淳訳／ダイヤモンド社

ルネサンス・テクノロジーズは数学者のジム・シモンズが天才数学者を集めてつくったヘッジファンドで、市場のデータを独自にプログラミングしたＡＩ（人工知能）に解析させ、市場の歪みを瞬時に見つけて収益化している。基幹ファンド「メダリオン」の収益率は年66％超という驚くべきもので、設立時にこのファンドに投資した１００ドルが31年間で３億９８７０万ドルに増えたことになる。シモンズは２０２４年5月に86歳で死去したが、その個人資産は３１４億ドル（約4兆４０００億円）と推計されている。金融市場は初心者とプロを区別しないので、〝臆病者〟はこのようなヘッジファンドに立ち向かうことになる。

マイケル・ルイス『フラッシュ・ボーイズ　10億分の1秒の男たち』渡会圭子、東江一紀訳／文春文庫

証券取引所のサーバーと光ファイバーで接続し、0・001秒早く取引情報を察知して、そのバグを収益化するHFT（高頻度取引）業者の実態を描く。いまやウォール街では、HFT業者が有名大学で数学や物理学の修士・博士号を取得した若者たちを集めて、莫大な富を生み出している。同じ著者の『1兆円を盗んだ男　仮想通貨帝国FTXの崩壊』（小林啓倫訳／日本経済新聞出版）では、暗号資産取引所の創業者として20代で1兆円を超える大富豪になったものの、取引所の破綻で逮捕・収監されたサム・バンクマン＝フリードが、大学卒業後にHFT業者のヘッジファンドに就職し、25歳で年収1億円を超えたときの取引が詳細に描かれている。

これらの本を読むと、「超絶AIや高頻度取引に対抗して、個人投資家にいったいなにができるのか？」という疑問にぶつかるだろう。そしてこれには、本書で書いたように、唯一の正解がある。それが「時間を味方につける」ことで、すなわち世界株インデックスファンドへの長期の積み立てだ。なぜなら、ヘッジファンドやHFTは短期の取引で市場の歪みを収益化することしかできないから。

ちなみに、〝投資の神様〟バフェットも、〝最強のハッカー〟ソープも、一般の個人投資家は株式インデックスファンドで資産運用するのがいちばんだと述べている。

株式セミナーに参加したり、株式投資の入門書や株雑誌を購入するのは、これらの本を読んでからでも遅くない。――たぶん、その頃には必要なくなっていると思うけれど。

あとがき　追証がかかった日

5年ほど前のある冬の夜。明かりの消えた部屋で、アメリカから電話がかかってくるのをじっと待っていた。

時計の針が正確に午後11時を指したとき、電話が鳴った。それは先物取引会社からのマージンコールで、私は損失の出ているポジションを手仕舞うか、追加の証拠金を送金するか、どちらかを伝えなくてはならなかった。この状態を俗に「追証がかかる」といい、破滅への一里塚とされている。

追証は、株価が大きく下落した（空売りをしている場合は上昇した）場合に発生する。悩ましいのは、こうした大きな変動のあとは、リバウンドの起きる可能性が高いことだ。統計的には、損切りするより追加の証拠金を払ってマージンコールを解消したほうが有利とされている。だが期待に反して株価がさらに下落（上昇）すると、損失が拡大して資産のすべてを失う。株式市場の歴史には破産した投機家たちの無数の墓標が刻まれているが、ただ1人の例外もなく、この過程を忠実に辿って最期の日を迎えたのだ。

私は週末の2日間を使ってどうするか悩み、それでも結論を出せなかった。

電話をかけてきたのは若い男で、ずいぶんなれなれしい話し方をした。

「やあ、ちょっと君の意見を聞きたくて電話したんだ」

嫌味なくらいさわやかなその声を聞いて、ようやく諦めがついた。すべてのポジションを清算すると告げると、「それはいい考えだね」と男は大仰に同意し、「君のかわりに僕がすべてやっておこうか」と親切そうにいった。案の定、その日のナスダックは大きく反発し、そのまま持っていれば損失のほとんどを取り返すことができたのだが、不思議と悔いはなかった。

私が投機を勧める気にならないのは、必ず損をするからだ。株式投資が確率のゲームである以上、それは避けることのできない運命みたいなものだ。プロのギャンブラー（投機家）はそのリスクに耐えつつ、確率的に優位なポジションをとるためにありとあらゆる可能性を探る。それでもしばしば失敗して、なにもかも失う。

投機において、損するリスクを想定していないと、ものすごく不愉快な思いをすることになる。それを承知でゲームとして楽しむのならなにもいうことはないが、これまでふつうに生きてきたひとがわざわざそんな体験をすることもないと思うのだ。

1990年代の半ばから友人たちと投資や金融市場について勉強をはじめ、その成果を「ゴミ投資家」シリーズ（メディアワークス刊。現在は絶版）というマニュアルにまとめた。その過程で、オフショア（タックスヘイブン）の銀行に口座を開いたり、アメリカや香港のインターネット証券会社で取引をしたり、シカゴの先物市場でデリバティブ取引をしたり、いろいろと面白い体験ができた。本書は、その頃の試行錯誤をもとに書かれている。

2001年の夏、私はふと思い立って小説を書きはじめた。それが処女作となった『マネーロンダリング』（幻冬舎文庫）で、その時以来、投資らしき投資はほとんどしていない。最近の事情には不案内で申し訳ないのだが、それでも株式投資の基本は変わらないと思っている。時代や環境がさまざまでも、儲けたいという人間の欲望は同じだからだ。

金融市場で日々行なわれているゲームに興味を失ったわけではない。いまでも先物・オプションは人類が発明した最高のギャンブルだと思っている。それでも、40代も半ばを過ぎると、人生の時間は有限だと知るようになる。小説を書きながら片手間に投資をする（あるいは投資をしながら片手間に小説を書く）ほどの才能に恵まれていない以上、なにかを選び、なにかを捨てなくてはならなかったのだ。

投資の世界はさまざまな情報や憶測や願望や嘘にあふれていて、気をつけていないとすぐに自分を見失ってしまう。そんなことでお金や時間を無駄にしないために、私のささやかな体験がなにかの役に立つならば、これほどうれしいことはない。

最後にお断りしておくと、私自身はここで述べたような「合理的な投資法」を実践しているわけではない。

ひとには、正しくないことをする自由もあるからだ。

2006年2月

橘　玲

新版　あとがき

　親本のあとがきに「ひとには、正しくないことをする自由もあるからだ」と書いたが、2006年当時の私は、新興国の銀行・証券会社に口座を開設し、現地通貨で預金したり、株式を購入することにはまっていた。東アジアと東南アジアが中心で、モンゴルとミャンマーを除けば、ほぼすべての国に口座をつくった。インドネシア、ベトナム、フィリピン、タイ、マレーシアなど、どこも思い出があるが、珍しいのはカンボジアとラオスの銀行・証券口座だろう。

　この本を書いている頃は、イラクに行って銀行口座を開くことを考えていた。アメリカ軍によって2003年にフセイン政権が崩壊したのち、イラクは内戦状態に陥るが、北部のクルド人地区は自治領のようになっていて治安もよく、銀行から招待状を出してもらえば現地に行って口座開設することが可能だったのだ。

　イラクの通貨ディナールはフセイン政権末期に暴落したが、アメリカの占領で治安が回復すれば、石油収入によってディナールは上昇し、大きな利益が期待できるといわれていた。

私はこの話を信じていたわけではないが（案の定、その後はディナール詐欺の温床になった）、イラクに行ってみるのは面白そうだと思っていたのだ。だがぐずぐずしているうちにイラク北部でも民族紛争が始まり、アラブの春以降はイスラーム原理主義の武装組織のテロ活動が激しくなって、やがて「イスラム国」の樹立が宣言されることになる。すくなくとも当分のあいだ、イラクを旅できるようにはなりそうもないので、やはりあのときに行っておけばよかったと残念に思う。

これも親本のあとがきに書いたが、人的資本を執筆活動に集中させることにしてから、海外の株式はほとんど売却して外貨にしてしまった。その時期が２００８年の世界金融危機の前だったのは、慧眼ではなく、たまたま運がよかっただけだ。

こうして振り返ると、１９９０年代末から２０００年代はじめの10年にも満たない間に、インターネットバブルと新興国バブルという大きな２つのバブルに遭遇することができたのは、ほんとうに幸運だったと思う。

私の場合、「正しくない投資」によっていろんな体験ができた（あちこちの国に知り合いもつくれた）が、誰にでも勧めようとは思わない。限られた時間のやりくりに四苦八苦しているひとにとっては、コスパだけでなくタイパも優れた「経済学的に正しい投資法」がやはり最強だろう。
これは私が書いたもののなかでも長く読まれる本になったが、この新版で新たな読者に手に取ってもらえるとうれしい。

２０２４年10月

橘　玲

橘 玲（たちばな あきら）

1959年生まれ。作家。2002年、国際金融小説『マネーロンダリング』でデビュー。同年刊行され、「新世紀の資本論」と評された『お金持ちになれる黄金の羽根の拾い方』が30万部を超えるベストセラーに。2006年、『永遠の旅行者』が第19回山本周五郎賞候補作となる。2017年、『言ってはいけない　残酷すぎる真実』で新書大賞受賞。近著に『世界はなぜ地獄になるのか』、『運は遺伝する　行動遺伝学が教える「成功法則」』（安藤寿康氏との共著）、『テクノ・リバタリアン　世界を変える唯一の思想』など。

文春新書

1471

新《しん》・臆病者《おくびようもの》のための株入門《かぶにゆうもん》

2024年10月20日　第1刷発行

著　者　橘　玲
発行者　大松芳男
発行所　株式会社　文藝春秋

〒102-8008　東京都千代田区紀尾井町3-23
電話（03）3265-1211（代表）

印刷所　理想社
付物印刷　大日本印刷
製本所　大口製本

定価はカバーに表示してあります。
万一、落丁・乱丁の場合は小社製作部宛お送り下さい。
送料小社負担でお取替え致します。

ISBN978-4-16-661471-4